EL TANGO Y LAS INSTITUCIONES

Julián Barsky

Con la colaboración de Guada Aballe y María Luján Mora

El tango y las instituciones

De olvidos, censuras y reivindicaciones

Colección UAI – Investigación

Barsky, Julián
El tango y las instituciones : de olvidos, censuras y reivindicaciones / Julián Barsky. - 1a ed . - Ciudad Autónoma de Buenos Aires : Teseo; Ciudad Autónoma de Buenos Aires : Universidad Abierta Interamericana, 2016.
216 p. ; 20 x 13 cm. - (UAI - Investigación)
ISBN 978-987-723-075-8
1. Tango. 2. Cultura Popular. 3. Escuela. I. Título.
CDD 306.48423

© UAI,Editorial, 2016

© Editorial Teseo, 2016

Teseo – UAI. Colección UAI – Investigación

Buenos Aires, Argentina

Editorial Teseo

Hecho el depósito que previene la ley 11.723

Para sugerencias o comentarios acerca del contenido de esta obra, escríbanos a: **info@editorialteseo.com**

www.editorialteseo.com

Autoridades

Rector Emérito: Dr. Edgardo Néstor De Vincenzi
Rector: Mg. Rodolfo De Vincenzi
Vice-Rector Académico: Dr. Mario Lattuada
Vice-Rector de Gestión y Evaluación: Dr. Marcelo De Vincenzi
Vice-Rector de Extensión Universitaria: Ing. Luis Franchi
Vice-Rector de Administración: Dr. Alfredo Fernández
Decano Facultad de Ciencias de la Comunicación:
Lic. Román Tambini

Comité editorial

Lic. Juan Fernando ADROVER
Arq. Carlos BOZZOLI
Mg. Osvaldo BARSKY
Dr. Marcos CÓRDOBA
Mg. Roberto CHERJOVSKY
Mg. Ariana DE VINCENZI
Dr. Roberto FERNÁNDEZ
Dr. Fernando GROSSO
Dr. Mario LATTUADA
Dra. Claudia PONS
Dr. Carlos SPECTOR

Los contenidos de los libros de esta colección cuentan con evaluación académica previa a su publicación.

Índice

Presentación 13
Agradecimientos 17
Introducción 19
Primera parte. El tango y la Iglesia 29
Segunda parte. El tango y las leyes 55
Tercera parte. El tango y la escuela 79
Conclusiones 147
Apéndice: el tango hoy 157
Cronología 199
Bibliografía 209

Presentación

La Universidad Abierta Interamericana ha planteado desde su fundación en el año 1995 una filosofía institucional en la que la enseñanza de nivel superior se encuentra integrada estrechamente con actividades de extensión y compromiso con la comunidad, y con la generación de conocimientos que contribuyan al desarrollo de la sociedad, en un marco de apertura y pluralismo de ideas.

En este escenario, la Universidad ha decidido emprender junto a la editorial Teseo una política de publicación de libros con el fin de promover la difusión de los resultados de investigación de los trabajos realizados por sus docentes e investigadores y, a través de ellos, contribuir al debate académico y al tratamiento de problemas relevantes y actuales.

La *colección investigación* TESEO – UAI abarca las distintas áreas del conocimiento, acorde a la diversidad de carreras de grado y posgrado dictadas por la institución académica en sus diferentes sedes territoriales y a partir de sus líneas estratégicas de investigación, que se extiende desde las ciencias médicas y de la salud, pasando por la tecnología informática, hasta las ciencias sociales y humanidades.

El modelo o formato de publicación y difusión elegido para esta colección merece ser destacado por posibilitar un acceso universal a sus contenidos. Además de la modalidad tradicional impresa comercializada en librerías seleccionadas y por nuevos sistemas globales de impresión y envío pago por demanda en distintos continentes, la UAI adhiere a la red internacional de acceso abierto para el conocimiento científico y a lo dispuesto por la Ley n°:

26.899 sobre *Repositorios digitales institucionales de acceso abierto en ciencia y tecnología*, sancionada por el Honorable Congreso de la Nación Argentina el 13 de noviembre de 2013, poniendo a disposición del público en forma libre y gratuita la versión digital de sus producciones en el sitio web de la Universidad.

Con esta iniciativa la Universidad Abierta Interamericana ratifica su compromiso con una educación superior que busca en forma constante mejorar su calidad y contribuir al desarrollo de la comunidad nacional e internacional en la que se encuentra inserta.

Dra. Ariadna Guaglianone
Secretaría de Investigación
Universidad Abierta Interamericana

A Gaby y Pao, mis mejores maestras

Agradecimientos

En primer lugar, agradezco a María Luján Mora y a Guada Aballe por su predisposición al proyecto, y el aporte que cada una hizo desde su especialidad. En el caso de Guada, además, un reconocimiento especial por el material gráfico invaluable que supo alcanzarme.

Agradezco a las autoridades de la UAI, y en especial al Dr. Mario Lattuada, por la coordinación y apoyo al proyecto, y por sus sugerencias que ayudaron a darle al libro una mejor terminación.

Un reconocimiento para la profesora María Cristina Moreno, que escuchó mis ideas y me sugirió algunas cuestiones puntuales sobre el tango y las escuelas.

Agradezco la buena predisposición de los estudiantes de cuarto año del Instituto William Case Morris del barrio de Almagro (CABA), así como a las autoridades de la institución por permitirme presentar la experiencia en este libro.

Quiero destacar la buena predisposición del director y del personal encargado del Museo Casa Carlos Gardel, especialmente en la figura de la Sra. Gabriela.

Va aquí mi reconocimiento al personal de la Biblioteca de la Legislatura Porteña, especialmente a la Lic. María Eugenia Villa, por facilitarme información sobre el Censo de la Capital de 1904.

En esa misma dirección, agradezco la amabilidad y buena voluntad del personal del Archivo General de la Nación, donde conseguí material valioso sobre las escuelas y colegios de principios del siglo XX.

Las redes sociales son algo serio. A través de ellas he conocido a mucha gente interesante. Es por ello que quiero agradecer la colaboración de diversos compañeros y usuarios que, en nuestra relación virtual, supieron proporcionarme valiosos datos sobre la vida del padre José Larger y la existencia del colegio San Estanislao, así como también fotos de época que sirvieron para contextualizar.

Un reconocimiento también para la gente de *Tango Reporter* por ceder gentilmente para ser publicado en el presente libro, el artículo "Gardel alumno" publicado por Guada Aballe en forma inicial en su revista de enero-febrero de 2015.

Introducción

El tango y las instituciones en el cambio de siglo

La identidad nacional: criollismo versus nacionalismo

La súbita y masiva llegada de los inmigrantes a la Argentina hacia fines del siglo XIX y principio del XX provocó fuertes reacciones en diversos sectores de la sociedad. En el campo cultural, ello dio origen a dos formas similares en su objetivo, pero distintas en la selección estética y artística: las llamaremos aquí "nacionalismo" y "criollismo".

Para los fundadores de la Argentina moderna, como Juan Bautista Alberdi y Domingo Faustino Sarmiento, aferrados a una visión linealmente negativa de la Argentina hasta la caída de Rosas en 1852, la herencia colonial –hispana y católica–, el desierto y el atraso eran los principales obstáculos para la construcción de una sociedad moderna. En Alberdi la solución era la inmigración: poblar el país de europeos con hábitos de trabajo y consumo modernos. A Sarmiento, cuyos viajes por Europa le habían impactado al advertir la miseria de buena parte de los habitantes de las ciudades, le preocupaba, en cambio, ocupar la campaña agrícola sobre la base de un modelo de colonización similar al del *farmer* estadounidense.

En ninguna de estas visiones había particulares prevenciones respecto de los mecanismos de cohesión social que demandaría la presencia inmigratoria masiva, ya que confiaban en que la integración se produciría mediante la expansión económica y la dinámica social, proceso en el cual le asignaban un alto valor a la escuela pública. A esta visión se sumó Bartolomé Mitre a través de sus estudios sobre la historia argentina y la construcción histórica de los grandes mitos de la revolución de la independencia, tendientes a mostrar un país predestinado desde sus orígenes coloniales a un proyecto de grandeza en el concierto internacional.

Dicha planificación, perfecta en la cabeza de sus ideólogos, se encontró con un par de eventos insospechados: por un lado, una inmigración proveniente, en gran medida, de la Europa menos desarrollada; y por el otro, el activo desplazamiento de la población nativa del interior hacia las grandes concentraciones urbanas como Buenos Aires y Rosario, favorecido por los novedosos medios de comunicación –especialmente el ferrocarril– y la expansión de las ciudades como fuente de servicios y desarrollo industrial. Estos procesos diseminaron las formas de la vida rural en los ámbitos urbanos, lo que dio consistencia a las vivencias impregnadas de resonancias agrarias, que prevalecieron hasta comienzos del siglo XX por sobre la creciente modernización de las ciudades. Convivieron así en el espacio cultural con la competencia de las identidades propias de los inmigrantes. Y es en esa competencia donde se irán construyendo dos corrientes, ambas promovidas desde las clases dominantes.

El criollismo

Una de ellas, surgida desde el ámbito artístico más erudito, tuvo como expresión dominante "lo criollo", a pesar de estar ausentes las bases materiales de su origen: el gaucho, el trabajo vinculado a la ganadería, la presencia mitológica de la llanura pampeana. De esta manera, el "criollismo" vino a cumplir un triple papel: para ciertos sectores dirigentes de la sociedad, afirmó su legitimidad frente a la creciente importancia de los extranjeros; para los sectores populares que se trasladaron a las ciudades, fue tanto una expresión nostálgica como una forma de resistencia frente al nuevo escenario urbano, y finalmente para muchos extranjeros, y en particular para sus hijos, constituyó la forma manifiesta de asimilarse al país, el mecanismo de integración más sólido en la sociedad en construcción.

En el terreno de la cultura popular, el fenómeno del criollismo alcanzó una notable dimensión. En las áreas rurales, las campañas de alfabetización facilitaron la difusión de la entrega por cuadernillos de *El gaucho Martín Fierro*, publicados en 1872 por José Hernández, cuya primera edición se agotó en un par de meses. Ante el gran éxito obtenido, en 1879 el autor publicó *La vuelta de Martín Fierro*, también dirigido a los sectores rurales, a partir de su temática y lenguaje. Al año siguiente, Eduardo Gutiérrez irrumpió con su folletín *Juan Moreira*, una novela por entregas que el periodista escribió para el diario *Patria Argentina*, basada en la vida real de un cuchillero que había asolado la zona oeste de la provincia de Buenos Aires. A pesar del virulento ataque de los críticos literarios, permanentes reediciones y nuevos títulos, como *Hormiga Negra* y *Santos Vega*, marcaron la extraordinaria popularidad de este autor. Simultáneamente, la aparición de *Colección de cantares* y *Cantares criollos*, de Gabino Ezeiza, y el *Payador porteño*, de Faustino Díaz, confirmó la inclinación de los lectores urbanos por los temas vinculados al mundo rural. Este proceso se extendió a toda la cultura nacional durante las próximas décadas, y adquirió dominancia no solo en la literatura sino también en la música, el teatro y el cine.

El nacionalismo

La otra corriente, de carácter más "oficial" o institucional si se quiere, se apoyó principalmente en la preocupación por la instalación de la Argentina en el gran concierto internacional. Para ello, se privilegiaron los valores que contrapusieran la idea de civilización contra la precariedad de origen, atribuida implícitamente (y en algunos casos, como el de Sarmiento, en forma bien explícita) a los habitantes originarios y a la presencia molesta y amenazante del gaucho. Es decir: una visión nacionalista contrapuesta con la criollista en el mito de origen. Es por ello que a nivel educativo se trabajó permanentemente en la idea de homogeneizar la población a través de la alfabetización y la incorporación de los valores culturales europeos y norteamericanos,[1] y, al mismo tiempo, mostrarles rápidamente a aquellos países los logros obtenidos. Así se estableció en 1884 la Ley de Educación, que establecía la gratuidad y obligatoriedad de la enseñanza, como también su expreso laicismo. Los actos fundacionales se multiplicaron: marchas patrióticas, concursos escolares, homenajes a educadores y políticos, inauguración de monumentos póstumos. En esa dirección, lo más saliente fue sin duda el surgimiento de las llamadas "escuelas palacio" en la capital, estrenadas con una gran pompa que incluyó al presidente Roca, los ministros y la presencia de ilustres visitantes. Asimismo, las exposiciones universales (la de París de 1889, la de Chicago de 1893) tuvieron una fuerte presencia de las escuelas argentinas,

---

[1] Hacia fines del siglo XIX, la enseñanza escolar argentina estaba basada en "el sistema simultáneo"; es decir, se procuraba el adelanto general y uniforme de la clase. Se buscaba, de esta manera, un sistema que enseñara al niño sin fatiga ni violencia, y que contemplara "la debilidad de sus fuerzas y la movilidad de su naturaleza". Ambos sexos recibían la misma educación, salvo en el tema de las manualidades, donde a las niñas se les enseñaban cuestiones propias del hogar y al varón otras relacionadas con los trabajos manuales, la agricultura y ciertas nociones militares.

tanto desde trabajos seleccionados confeccionados por los niños y sus docentes, como en álbumes fotográficos que exhibían los avances edilicios del ámbito educativo.

La educación, panacea universal

En el período de la Organización Nacional comenzaron a sentarse las bases para que el país adquiriera jerarquía de potencia dentro del mundo capitalista. En 1869, y a instancias del presidente Sarmiento, se realizó el primer censo nacional de población. Allí los resultados expusieron una cruda realidad: el 82% de la población era analfabeta. Dicho porcentaje se vería acentuado, además, con la llegada de los inmigrantes, entre los cuales nueve de cada doce eran analfabetos.

Inspirado en los modelos norteamericanos, ingleses y franceses, se priorizó entonces la alfabetización masiva, como herramienta esencial para cumplir con los objetivos necesarios para el progreso.

Merced a la expansión de la educación primaria, la creación de escuelas normales y la regulación de los colegios particulares y provinciales, los índices de analfabetismo fueron disminuyendo rápidamente: en pocas décadas, Argentina llegó a ser uno de los países más alfabetizados de Latinoamérica. Es por esto que la educación empezó a ser considerada como "panacea universal", el único remedio "para combatir la pobreza, la ignorancia y el vicio".

Este estatismo y la centralización que conllevaba tuvieron que ver con el aspecto político de los cambios. A través de leyes como la Ley 934, donde se estableció el régimen de adscripción, y varias regulaciones con respecto a los colegios provinciales, el sistema educativo concentró todos sus servicios a cargo del Estado nacional. Con respecto a los colegios particulares, existió una tendencia a exaltar el poder y la preeminencia del Estado sobre los demás órdenes y entidades, con una inclinación a convertirlo en el principal agente educador.

Con el enciclopedismo y el laicismo curricular, los cambios que fueron sufriendo los contenidos de la enseñanza mostraron cierta ruptura con el pasado y una vigencia en el presente. La ruptura con la Iglesia católica, arraigada en el viejo sistema de creencias y acostumbrada a ser parte decisiva en las políticas nacionales, se hizo inevitable. Una de las claves estuvo en la sanción de leyes laicas, como el Matrimonio Civil, la Ley de Cementerios, y, principalmente, en la Ley de Educación ya mencionada.

Allí se definió que la instrucción primaria debía ser obligatoria, gratuita y laica. La enseñanza religiosa, se especificaba, "solo podrá ser dada en las escuelas públicas por los ministros autorizados de los diferentes cultos, a los niños de su respectiva comunión, y antes o después de clase".

Dicha ruptura no fue total, como ya veremos, pero sí decisiva en la construcción del sistema pedagógico (y en la creación de nuevos valores simbólicos) hacia fines del siglo XIX.

El tango: en busca de la identidad

Paralelamente a la creación de la escuela moderna y de la búsqueda de un sistema de valores y símbolos que pudieran unificar los múltiples orígenes de los inmigrantes europeos y los criollos que convivían en la joven Argentina, un lenguaje nuevo venía abriéndose camino.

No fue producto de las políticas del Estado –casi podríamos decir que todo lo contrario–, ni contó con el aval de las clases dominantes, sino que surgió en forma espontánea, en un intento de buscar un lenguaje común que pudiera trascender las barreras del idioma y el encorsetamiento institucional.

Es que la cultura popular, ignorada por la élite, creció con su propia fuerza. Diversas variantes del entrenamiento masivo, como el sainete, el varieté, el circo criollo y el llamado teatro de "género chico", fueron consiguiendo adeptos e intérpretes idóneos. Asimismo, y muy relacionado con ello, comenzó un proceso intenso de fusión entre distintas corrientes musicales, tanto locales como extranjeras. Allí la presencia del tango fue decisiva, tanto desde el aspecto musical como argumental.

Pero ¿qué es el tango, por empezar?

Su origen es difuso. Hay casi tantas teorías como teóricos sobre el tema, y estas abarcan desde el comercio esclavo en el África del siglo XVII, pasando por una danza de las islas Canarias, la habanera cubana, cierta terminología quechua y hasta los sitios donde se juntaban en América los negros africanos para bailar y cantar.

Inicialmente, el tango –que nació como danza– fue resistido por las clases altas y la Iglesia católica. Como argumento para ese rechazo se lo asoció con los bajos fondos y se lo llamó "música prostibularia". Escritores vinculados a la clase alta, como Jorge Luis Borges, Ezequiel Martínez Estrada, Julio Mafud y hasta el incómodo Horacio Quiroga, se encargaron de difundir una visión despectiva del tango, pecaminosa, violenta y propia del mundo criminal. El poeta Leopoldo Lugones sintetizaría esa mirada, llamando al tango "reptil de lupanar".

Pero reducir la vida nocturna a las relaciones sexuales y el tango al prostíbulo fue una simplificación basada en el prejuicio y el desconocimiento de la vida popular. Los centros nocturnos eran también lugares de diversión, de esparcimiento, de sociabilidad y de desarrollo de la cultura.

Luego de varias décadas de combinaciones musicales, líricas y culturales, ya en las dos últimas décadas del siglo XIX, el tango había dejado atrás sus formas iniciales (milonga campera evolucionada con toques de habanera, candombe, tango andaluz y zarzuela), y adoptaba cada vez más una definida forma original, con identidad propia, y así ingresaba a la etapa que se conoce actualmente como la Guardia Vieja. Para reflejar esa originalidad, empezó a ser definido por los propios músicos como "tango criollo".

A la Guardia Vieja le siguió hacia fines de la década del 20 la Guardia Nueva o etapa decareana (llamada así, precisamente, por la influencia decisiva del violinista y director Julio de Caro), en la cual el tango alcanzó madurez, refinamiento y definitiva difusión internacional. El bandoneón se transformó en un elemento decisivo, y los conjuntos musicales se encuadraron alrededor de cuatro instrumentos básicos: el mencionado bandoneón, el violín, el piano y el contrabajo. Nos encontramos en la génesis de la orquesta típica. Como resultado de dicha evolución, el tango alcanzaría su llamada Edad de Oro, con eje en la década de 1940 y parte de la siguiente. Pero esa ya es otra historia.

La construcción de la identidad nacional fue evolucionando a la par; la escuela, el tango y la Iglesia, cada cual a su manera, fueron parte indisoluble de dicho proceso. El presente trabajo hace especial énfasis en el período de dicha construcción identitaria, aquel en que comienza a construirse en simultáneo la escuela moderna y aflora el tango como el eslabón clave de la incipiente cultura popular urbana. Simbólicamente, comienza con la promulgación de la Ley de Educación en 1884, y la aparición de los primeros tangos con autor reconocible.

El presente trabajo está organizado en tres partes, orientada cada una a la relación entre ciertas instituciones y el tango. La primera parte ("El tango y la Iglesia") incluye un artículo sobre la relación inicial entre el género y la institución eclesiástica, no exenta de tensiones y desacuerdos, y un análisis sobre la presencia de elementos de la liturgia cristiana dentro de las letras del tango.

La segunda parte ("El tango y las leyes"), dividida a su vez en tres, ofrece un recorrido sobre las formas en que el Estado intentó acotar, controlar o respaldar las distintas manifestaciones del género a lo largo del tiempo, pasando de una instancia inicial de ignorancia y hasta desprecio, a otra de fuerte control e intervención –especialmente en lo que se refiere al uso del lenguaje–, para llegar a la etapa actual, que incluye una fuerte reivindicación y estímulo a las prácticas vinculadas al tango. El trabajo de compilación de las leyes fue llevado a cabo por la M. Sc. María Luján Mora, abogada de reconocida trayectoria.

La tercera parte del libro ("El tango y la educación"), realizada en conjunto con la investigadora Guada Aballe, apunta a retratar, principalmente, el camino inicial del género musical y la escuela moderna, surgidos casi al mismo tiempo. Resulta interesante observar cómo se fueron estructurando los programas de Música y los actos escolares, y cómo la ausencia del tango en ellos –que por entonces ya tenía un creciente grado de popularidad en la Argentina y en Europa– expresa también el constructo ideológico de quienes forjaron la nueva escuela.

Finalmente, el libro cuenta con un Apéndice en el cual hemos incluido trabajos que muestran la relación del tango con las instituciones hoy día. Dichos artículos distan de ser abarcativos, sino que simplemente presentan un fresco de cómo ha evolucionado la difícil relación del mayor género popular de la Argentina con las principales instituciones reguladoras de los ciudadanos.

También se presenta un apartado de "Cronología", en donde se exponen, a modo de marco histórico, algunos de los hechos más relevantes que sucedieron entre el tango y las instituciones a lo largo del siglo.

Es que ya adentrado el siglo XX, el tango comenzó a ser aceptado en todas las clases sociales, y su nombre se emparentó con el de la capital del país: Buenos Aires y tango pasaron a ser sinónimos. Curiosamente, la aceptación universal del tango como expresión genuina de nuestro país no tuvo la misma respuesta desde el punto de vista de las instituciones educativas y académicas: inclusive hoy día, todavía se pelea porque sea integrado a la currícula educativa primaria y secundaria y, a nivel universitario, aún son pocos los espacios donde el género prospera y se desarrolla. Confiamos en que el presente trabajo colabore en esa dirección.

Primera parte.
El tango y la Iglesia

El tango y la Iglesia: una relación conflictiva

Por su propia pertenencia a la cultura popular y al movimiento del cuerpo, el tango supo tener sus resistencias en los sectores más conservadores de la sociedad porteña. En esa dirección, la Iglesia católica (una de las instituciones más representativas de dichos sectores) tuvo sus roces con el género, especialmente en las primeras décadas del siglo XX.

El tango llega a París

Los diarios de la época revelaban la relevancia que tenía el tango en la noche parisina. (Fuente: archivo personal del autor).

Hacia la segunda década del siglo XX, el tango ya comenzaba a ser aceptado en todos los estratos sociales. Empezaron a organizarse concursos literarios y musicales con el tango como referencia, bailes públicos en teatros y cabarets, y circulaban notas y chistes en revistas de época. El teatro ya lo había incorporado hacia fines del siglo XIX. El cine, en cambio, tardó un poco más, pues aún era silente. Sin embargo, el nombre y el baile del tango ya aparecen en varias películas del período (*Un casamiento*, 1915, donde se baila un tango; o *El tango de la muerte*, 1916, de José A. Ferreyra).

Como parte de ese auge, el tango llegó a Europa. Un prestigioso profesor de danzas, de apellido Giraudet, lo reconoció en 1908 y lo definió como "Suerte de danza americana (...) cuyo ritmo es el 2/4 aunque se divide en dos partes, una caminada y otra valseada".[2] En 1910, Mistinguett, famosa *vedette* de la bohemia parisiense (que Gardel llegaría a conocer años más tarde), bailó un tango en un concurrido *music hall*.

A partir de 1911, el tango argentino invadió los salones aristocráticos, los cabarets y los *dancing-clubs* más populares de Francia, aunque, en muchos casos, lo que se bailaba allí apenas tenía una vaga referencia al baile original o a su música. "La mitad de París se frota con la otra", bromeaba hacia 1912 el dibujante y cronista Sem, al que no dejaba de llamarle la atención la domesticación a la que era sometido el género. "Uno no puede menos que explotar de risa al enterarse de que todos esos tangos que en Buenos Aires llevan nombres como 'La Queca' o títulos como 'Mordeme la camisa' acaban siendo bautizados en París con títulos simpáticos y dulces como 'Loulou' o 'Primerose'".[3]

---

[2] Berti, E. (9 de diciembre de 2001), "Primer tango en París", *La Nación*.
[3] Berti, E., ibídem.

En una caricatura de 1913, obra del mismo Sem, se ve cómo bailan el tango nueve personajes de la aristocracia parisiense, entre ellos el conde Robert de Montesquiou, amigo de escritores como Verlaine o Proust, y amante del argentino Gabriel de Yturri. "No son los argentinos quienes enviaron el tango a París, es París que lo fue a buscar", afirmaba por entonces la prensa. Esto solo es parcialmente cierto, ya que el escritor Ricardo Güiraldes y el compositor López Buchardo contribuyeron sobremanera para que esta música se conociera en Francia, hasta el punto que el 25 de octubre de 1913 Jean Richepin hizo un elogio del tango ante la severa Académie Française. Dos meses después, estrenó su obra *Le Tango*.

Todos los años llegaban a París barcos procedentes de Sudamérica que llevaban a la élite de la sociedad argentina. Los visitantes permanecían allí dos o tres meses. Llegaron a tener allí hasta su propia revista, *Elegancias*, dirigida por el poeta Rubén Darío (quien también supo vivir en Buenos Aires). Estos argentinos, deseosos de ser aceptados como iguales por la sociedad parisiense, estaban molestos a causa de la reputación que tenía el tango en cuanto a su supuesto vínculo con la delincuencia y la prostitución. No es de extrañar que el baile estuviera prohibido en la embajada argentina en París, con el fundamento, según expresión del propio ministro plenipotenciario en Francia Enrique Larreta, de que en Buenos Aires solo se bailaba en lugares de mala muerte y nunca en los salones ni por personas distinguidas. Esta posición era compartida por otros intelectuales y diplomáticos sudamericanos radicados en París.

Sin embargo, la sensualidad y novedad de la danza fueron más fuertes que la opinión censora de un sector de la alta sociedad parisina. Muy pronto, el tango comenzó a ocupar un lugar importante entre las danzas de salón y los lugares de moda.[4]

Enseguida surgió la polémica acerca de la aprobación o no respecto a esta nueva danza, y el *New York Times* participó con una postura de apoyo, destacando a los personajes de la nobleza europea que lo bailaban.

La Iglesia no tardó en censurarlo por encontrarlo inmoral, primero en Francia (tal vez como reacción a la mencionada obra de Richepin), luego en Italia y en otras cortes europeas. Muy pronto, miembros y autoridades pertenecientes a otros credos religiosos apoyaron esta cruzada. Gente que primeramente había adoptado el tango comenzó a oponerse a esa danza que los jóvenes de las cortes y salones bailaban con tanto entusiasmo.

El tango y su relación con el Vaticano: realidades y leyendas

Casimiro Aín nació en el barrio La Piedad en 1882, y aprendió a bailar de muy pequeño al compás de los organitos callejeros que circulaban por las calles. De su padre, un vasco lechero, heredó el apodo. Su capacidad para el baile le permitió formar parte a temprana edad de la *trouppe* del célebre payaso norteamericano Frank Brown, quien supo hacer las delicias de varias generaciones de argentinos.

En 1904, y tras un frustrado viaje a Europa, Aín se hallaba de nuevo en Argentina. Junto a su esposa Marta comenzó a presentarse en teatros porteños hasta que los

---

[4] De hecho, luego el tango se "afrancesaría" y volvería a la Argentina mucho más suave que cuando se había ido, y esa forma de tango que volvió de París después de 1913 se conoció como "tango a la francesa".

festejos del Centenario de la Revolución de Mayo (acontecidos hacia 1910) le trajeron el éxito y el reconocimiento definitivo para convertirse en profesional. Un nuevo viaje a Europa en 1913 lo llevó acompañado del trío formado por Vicente Loduca en bandoneón, Eduardo Monelos en violín y Celestino Ferrer en piano.

En París se presentó en el famoso y mítico cabaret El Garrón, reducto de la comunidad argentina. Poco tiempo después, se mudó a New York, donde se desempeñó durante casi tres años. La década del 20 lo encontró nuevamente en París, donde, junto a su compañera Jazmín, ganó el Campeonato Mundial de Danzas Modernas realizado en el teatro Marigny.

Casimiro Aín, en su época de esplendor.
(Fuente: archivo personal del autor).

La historia dice que en cierta ocasión el papa pidió que se bailara frente a él un tango, para emitir su juicio, y que fue Casimiro Aín el encargado de hacer la demostración. Las versiones, sin embargo, se refieren a tres papas diferentes: Pío X (1903-1913), Benedicto XV (1914-1922) y Pío XI (1922-1939). ¿Cuál fue la verdadera?

Comencemos por el relato que hace Néstor Pinzón. El primero de febrero de 1924 y por iniciativa del entonces embajador argentino ante el Vaticano, don García Mansilla –muy preocupado por disipar las nubes de inmoralidad que rodeaban al tango para la Iglesia– logró que Aín bailara frente a Pío XI (1922-1939) el tango "Ave María", de Francisco y Juan Canaro. En esa oportunidad la compañera de "El Vasquito" fue la bibliotecaria de la embajada, una señorita de apellido Scotto; el tango elegido fue ejecutado en un armonio.

Pinzón se basa, para decir que solo era una leyenda, en la investigación que realizó el musicólogo Enrique Cámara, catedrático de la Universidad de Valladolid. Cámara recorrió la hemeroteca del Vaticano, en especial su diario *L'Osservatore Romano*, sin encontrar referencia al hecho. Sin embargo, Pinzón afirmaba que el mismo Aín relató ese encuentro en un reportaje que le hicieran a su regreso de Italia, realizado por el periodista Abel Curuchet el 21 de marzo de 1923 y reproducido por la revista *Tango y Lunfardo*.

La segunda versión llega de la mano de Guillermo Bosovsky, quien extrajo los datos de una nota de autor anónimo, titulada: "Gloria y ocaso de El Cachafaz y de El Vasco Aín". Allí se sostiene que Aín bailó frente al papa Benedicto XV.

Horacio Salas en su libro *Tango. Una historia definitiva* dice que la entrevista fue con Pío X, y allí relata que muchos prelados –encabezados por el arzobispo de París– habían criticado abiertamente las connotaciones sexuales que contenía el baile. Según este relato, Pío X no encontró pecaminosa la danza aunque recomendó reemplazarla por la furlana, danza de origen Véneto que había conocido en su juventud.

El mismo Salas traza un relato un poco diferente en su libro *El tango*. En él sostiene que los arzobispos de París, Cambray y Sens, junto al obispo de Poitiers, rechazaron el tango desde sus respectivos púlpitos, y que le fue encargada a la Santa Congregación de la Disciplina de los Sacramentos analizar el problema. Fue entonces que a principios de 1914 el papa Pío X se encargó de juzgar, personalmente, los "peligros" del tango. Lo que llevó a intervenir al papa fue explicado en un artículo de la revista *P. B. T.* del 7 de marzo de 1914. Varios jóvenes de la nobleza habían reclamado por la injusticia que significaba que, a causa de una disposición del Ministerio de Guerra Italiano, la oficialidad del reino no pudiera participar de la danza en los próximos festejos del Carnaval. Fue así que a instancias del cardenal Merry de Val, el príncipe A. M. (?) y su hermana fueron recibidos por el pontífice en audiencia privada y lo bailaron en su presencia. El papa no condenó el tango, pero sí se burló de una moda que "obliga a sus esclavos a bailar una danza tan poco divertida", y recomendó, en cambio, la furlana (una danza campesina surgida a comienzos del ochocientos). La prohibición a los oficiales se mantuvo, a pesar de que el papa no se sumó explícitamente a la censura castrense italiana, lo que fue tomado como una tácita aprobación. De todas maneras en Buenos Aires circulaba una letrilla que sostenía: "Dicen que el tango es una gran languidez / Y que por eso lo prohibió Pío Diez...".

La última versión pertenece al libro de José Gobello, *Brevísima historia crítica del tango*. Gobello relata, al igual que Salas, que los obispos franceses fustigaron severamente al tango cuando este hizo irrupción en París. Y al igual que los escritores argentinos Larreta, Lugones e Ibarguren, los obispos consideraban al tango un baile lascivo y obsceno. Coincidiendo con el relato de Salas, para 1914 algunos jóvenes romanos habían comentado con el cardenal Merry de Val que les habría gustado bailar el tango pero no lo hacían porque los obispos enseñaban que era pecado.

De Val se lo comentó al papa y este sintió deseos de ver bailar un tango para formarse una opinión. La presentación estuvo a cargo de dos jóvenes hermanos de la aristocracia romana que bailaron frente al Sumo Pontífice algo parecido al tango, una danza "purificada" por un famoso maestro de baile romano, el profesor Pichetti. Al papa le pareció que el baile era aburrido y aconsejó a los jóvenes bailar la furlana. Pío X nunca se pronunció en contra del tango y, sostiene Gobello, aquella letrilla, para él inventada en España y no en Buenos Aires, que decía: "Dicen que el tango es una gran languidez / Y que por eso lo prohibió Pío Diez..." es falsa.

POPE SAW TANGO, ROME STORY SAYS

Remarked That if It Were Made a Penance It Would Be Considered Cruelty.

SHOWED A PRETTIER DANCE

All Rome Tripping the Venetian Furlana, Now Known as the "Dance of the Pope."

By Marconi Transatlantic Wireless Telegraph to The New York Times.

En Estados Unidos, el New York Times se hizo eco del histórico baile frente al papa. (Fuente: archivo personal del autor).

A pesar de que el comentario de Pío X solo hiciera referencia a lo insulsa que le pareció la danza, la mala fama del tango persistió en Europa. Tanto que diez años después, otro papa, Pío XI, quiso tener su propia experiencia. Y aquí aparece otra vez la figura del embajador argentino Daniel García Mansilla, quien fuera el encargado de presentar a la pareja de baile al papa. García Mansilla ya era embajador ante el Vaticano en 1914, pero no había participado en aquella presentación ante Pío X.

Hechos los arreglos correspondientes, el 1 de febrero de 1924 a las 9 de la mañana, ingresó Casimiro Aín en la Sala del Trono acompañado por la señorita Scotto, que sería su compañera de baile y que aquí no figura como bibliotecaria, sino traductora de la embajada Argentina. La pareja bailó el tango "Ave María", título que no hace referencia a la Virgen sino que se refiere a la interjección castellana que denota asombro o extrañeza.

Hacia el final del baile, Aín improvisó una figura que colocó a la pareja de rodillas frente al papa. Pío XI se retiró de la sala sin hacer ningún comentario.

Las resistencias en ciertos sectores de la cúpula eclesiástica argentina en relación con el tango continuaron a lo largo del tiempo. En 1936, monseñor Gustavo Franceschi –quien poco después ocuparía un cargo importante dentro de una comisión encargada de salvaguardar la "pureza" del idioma, en la época más álgida de enfrentamiento entre las instituciones y el género– supo escribir para la revista *Máscara* un triste editorial donde reflexionaba sobre la llegada del cadáver de Carlos Gardel a la Argentina:

> [Gardel] empleó toda su inteligencia, que jamás había sido cultivada, que era perseverante pero corrompida, para mejorar sus medios de expresión. No concebía cosa más alta que la que hizo. Nadie ha de recriminarle su escasez de valores perennes; pero es insultar a la Argentina el presentarlo como símbolo acabado

de su ideal artístico. Todo ello preparó la serie de espectáculos que tuvieron lugar con motivo de su sepelio, y que constituyeron una página bochornosa en la historia porteña. Eran de ver los alrededores del Luna Park, a las diez de la noche. Gandules de pañuelito al cuello dirigiendo piropos apestosos a las mujeres; féminas que se habían embadurnado la cara con harina y los labios con almagre; compadres de cintura quebrada y sonrisa "cachadora"; buenas madres, persuadidas de la grandeza del héroe, que llevaban –pude comprobarlo por fotografías– a sus hijos a besar el ataúd. Y, según se me afirmó, diversas individuas llenas de compunción pretenden ocupar lugares especiales porque fueron "amigas", "compañeras" de Gardel, a quien convierten de este modo en tenorio de conventillo, en pachá de arrabal (...). No se olvide que el amoralismo simbolizado por un Gardel cualquiera, es anarquía en el sentido más estricto de la palabra. Téngase en cuenta que el desprecio al trabajo normal, al hogar honesto, a la vida pura; el himno a la mujer perdida, al juego, a la borrachera, a la pereza, a la puñalada, es destrucción del edificio social entero.[5]

Es que en las primeras décadas del siglo XX, la presencia de la religión católica –y su expresión institucional, la Iglesia– en la cotidianeidad y en el sentimiento del pueblo argentino era muy fuerte. Es por ello que a pesar de estos roces, la poética argentina, surgida de las entrañas mismas de su pueblo, no estuvo ajena a esos sentimientos, y recogió ciertos elementos de la liturgia católica para construir imágenes y metáforas en sus nuevas composiciones.

---

[5] Citado en Burgstaller, Carlos Hugo (mayo de 2005), "La censura en el tango", en *Tango Reporter*, año X, n° 108.

Las referencias religiosas en las letras de tango

Desde sus comienzos, la música fue tomada como algo sagrado. La fe y la creencia es una temática que se manifestó en numerosas historias contadas por nuestro tango.

La liturgia

Es muy usual en las letras de tango la recurrencia a un ser superior al cual se le implora, interpela o exige. Uno de los primeros antecedentes del tema (tal vez el primero), es el tango "Amén", que compuso el pintor, poeta y profeta Solari Parravicini. Este carece de letra.

Pero otros tangos posteriores sí tuvieron un argumento, como el que interpretó Azucena Maizani el 27 de julio de 1923 en el teatro Nacional, denominado "¡Padre nuestro!", de Delfino y Vaccarezza. Allí se hace una suerte de parodia, precisamente, al "Padre nuestro" de la liturgia cristiana:

> *Padre nuestro,*
> *qué amargura sentí ayer*
> *cuanto tuve la noticia*
> *que tenía otra mujer,*
> *Padre nuestro*
> *si un pecado es el amor*
> *para qué me has encendido*
> *de este modo el corazón.*

En el quinto concurso de tangos patrocinado por Max Glücksmann y realizado en el Palace Theatre, recibió su consagración "Piedad", de Luis de Biase y del músico Carlos Percuocco, donde cada verso estaba intercalado con la palabra "ruego", también fuertemente vinculada al ceremonial cristiano (el "Credo"):

¡Ruego!
Por el hombre que yo quiero.
Dice
con amargo sinsabor
¡Ruego!
Por su vida que es mi vida
¡Ruego!
Esta plegaria de amor...

Un año más tarde, en el mismo concurso, el poeta y cantor Armando Tagini junto al pianista y compositor Juan Jose Guichandut participaron con "Misa de once". El tema –junto con otros tres– fue preseleccionado para acceder al Gran Premio de Honor (que finalmente le correspondió a "Margaritas").

Un año después, el bandoneonista Miguel Bonano, juntamente con Alfredo Bigeschi compuso "La novena", que se transformaría en un verdadero clásico del género.

"Al pie de la Santa Cruz", popularizado por Carlos Gardel. (Fuente: archivo personal del autor).

En "Al pie de la Santa Cruz" (1933, Enrique Delfino, Mario Battistella), la connotación del rezo y la emulación entre el –injustamente– condenado a prisión en el Penal de Ushuaia y Jesucristo son evidentes:

> *Mientras tanto,*
> *al pie de la santa Cruz,*
> *una anciana desolada*
> *llorando implora a Jesús:*
> *"Por tus llagas que son santas,*
> *por mi pena y mi dolor,*
> *ten piedad de nuestro hijo,*
> *¡protégelo, Señor!".*
> *Y el anciano,*
> *que no sabe ya rezar,*
> *con acento tembloroso*
> *también protesta a la par:*
> *"¿Qué mal te hicimos nosotros*
> *pa' darnos tanto dolor?".*
> *Y, a su vez, dice la anciana:*
> *"¡Protégelo, Señor!...."*

Las referencias a la liturgia cristiana continuaron, se destacan la bella "Mariposita" (1941, Anselmo Aieta, Francisco García Jiménez) y "La capilla blanca" (Héctor Marcó, Carlos Di Sarli), grabada en 1944:

> *En la capilla blanca*
> *de un pueblo provinciano,*
> *muy junto a un arroyuelo de cristal, me hincaban a rezar tus manos...*
> *Tus manos que encendían mi corazón de niño,*
> *y al pie de un santo Cristo*
> *las aguas del cariño*
> *me dabas a beber...*

Las "Virgencitas"

Otro tema religioso que tiene su momento de "moda" entre los poetas del género es el de las Vírgenes. En 1929, el poeta Enrique P. Marino y el compositor Félix Scolati Aimeyda escribieron, especialmente para Carlos Gardel, "Medallita de los pobres (Virgencita de Pompeya)":

> *Medallita de los pobres*
> *Virgencita de Pompeya*
> *nacida en el barrio turbio,*
> *como una flor del suburbio*
> *que embelleció el arrabal*
> *te llevo siempre en mi pecho*
> *de malevo y de compadre*
> *porque te colgó mi madre*
> *pa' defenderme del mal...*

Otras "Virgencitas" fueron rápidamente incorporadas a la temática tanguera, como "Virgencita de Luján", tonada de Juan M. Velich y Francisco Álvarez, y "Virgen de Guadalupe", de Luis Rubinstein y Francisco Pracánico. En 1932, Alfonso Casini escribió "Virgen de Lourdes", una de las canciones que se transformarían en un clásico del repertorio de Agustín Magaldi:

> *Virgen, Virgen de Lourdes*
> *a que me ayudes*
> *vengo con fe.*
> *Quiero con tus milagros,*
> *poder cuidarlo*
> *en su niñez.*
> *Virgen no me abandones.*
> *Hace pa' mi hijo*
> *que viva yo...*
> *Porque jamás lo podré dejar*
> *sin madre y sin hogar.*

Dios y Jesucristo

La mención a Dios y las diversas analogías de los protagonistas con Jesucristo serán tema recurrente del tango durante décadas.

Habíamos hablado anteriormente de "Al pie de la Santa Cruz". Previamente, en "Adiós, muchachos" (1927, César F. Vedani, Julio C. Sanders), el protagonista clama en primera persona una protesta resignada ante la muerte de la novia, a la que él dio su corazón:

> *... mas el Señor, celoso*
> *de sus encantos,*
> *hundiéndome en el llanto*
> *me la llevó.*

El tango, grabado por Gardel, entre otros, reconoce:

> *Es Dios el juez supremo.*
> *No hay quien se le resista.*
> *Ya estoy acostumbrado su ley a respetar...*

"Si volviera Jesús" fue una letra alusiva al tema, compuesta por Dante Linyera hacia 1934:

> *Veinte siglos hace, pálido Jesús,*
> *que mirás al mundo clavado en tu cruz;*
> *veinte siglos hace que en tu triste tierra*
> *los locos mortales juegan a la guerra.*
> *Sangre de odio y hambre vierte el egoísmo,*
> *Caifás y Pilatos gobiernan lo mismo.*
> *Y, si en este siglo de nuevo volvieras,*
> *lo mismo que entonces Judas te vendiera...*

Enrique Cadícamo dice en festiva irreverencia:

> *... hoy se vive de prepo*
> *y se duerme apurao.*

Y la chiva hasta a Cristo / se la han afeitao...
("Al mundo le falta un tornillo", 1933).

Pero probablemente sea Discépolo quien más referencias a la temática religiosa haya incorporado en sus tangos durante la década del 30: al menos una decena de menciones de Dios entre sus cuarenta y cuatro tangos compuestos.

Enrique Santos Discépolo. (Fuente: Archivo General de la Nación).

En 1926, compone "Qué vachaché", que ya anticipa giros que luego volverán a aparecer en "Cambalache":

Si aquí ni Dios rescata lo perdido,
¿qué querés vos? ¡Hacé el favor!
(...) El verdadero amor se ahogó en la sopa,
la panza es reina y el dinero es Dios.
(...) ¡Qué vachaché, si hoy ya murió el criterio:
¡vale Jesús lo mismo que el ladrón!

El tango fue escrito en un momento de grandes dificultades económicas para el autor y su hermano Armando. La canción no fue un éxito: en Buenos Aires no consiguió estrenarlo y en Montevideo fracasó, probablemente por la crudeza de su temática.

Por un lado, Dios aparece primero en una expresión exagerada (el Todopoderoso no puede recuperar lo que se ha perdido) como muestra de desesperación; y, después, como metáfora igualatoria del dinero. Por otro lado, y lo más relevante, es el valor despreciativo de Jesucristo, al equipararlo con el mal ladrón. En este caso, Discépolo emplea a Jesús como metáfora metonímica de los valores cristianos, que la sociedad estima en igual equivalencia a sus contrarios, los del ladrón; es decir, da igual ser honrado o no, porque el dinero, como dijo antes, es el verdadero Dios, y quien lo tiene es quien manda.

Francisco García Jiménez replica este aspecto en "Adiós, Ninón":

> ¡Adiós, Ninón! Te cedo los ladrones.
> A precio igual, ¡me quedo con Jesús!

En "Malevaje" (1929, con música de Juan de Dios Filiberto), Discépolo ataca con una fiereza inusitada para desarrollar la desazón de un guapo ante el amor. Más que un ruego, aquí nos encontramos ante la búsqueda desesperada de una respuesta a un sentimiento que el protagonista no maneja:

> Decí, por Dios, ¿qué me has dao,
> que estoy tan cambiao,
> no sé más quién soy?

Discépolo emplea una sencilla imagen religiosa para mostrar "la subordinación y la debilidad del protagonista", en una ridiculización del "código del coraje":

> Ya no me falta, pa' completar,
> más que ir a misa e hincarme a rezar.

Ese mismo año escribirá "Soy un arlequín", un tango que se sobresale de lo convencional. Como dice el investigador, Sergio Pujol,

> En él descollaban la fuerza rítmica de la poesía, la combinación de agudeza analítica con un sentido dramático perfecto y la creación de una voz confesional que, montada sobre reiteraciones y ecos musicales, contaba historias desde un yo lírico inconfundible. Nadie había llevado a un punto tan alto el soliloquio en el tango.[6]

Aunque el arlequín haga referencia a un ser que, rodeado de alegría, siente un profundo pesar; la explicación de esta pena estriba en una imagen religiosa: la relación entre Jesús y María Magdalena. En especial, hay dos puntos sobresalientes: el primero es la espléndida metáfora del "folletín de Magdalena", que se remata con la referencia a la crucifixión; y el segundo es el uso de términos relacionados con el mensaje de Jesús, tales como "arrepentida", "salvación" y "redimir", conceptos o nociones de vínculo cristiano.

> *Me clavó en la cruz*
> *tu folletín de Magdalena,*
> *porque soñé que era Jesús*
> *y te salvaba.*
>
> *Me engañó tu voz,*
> *tu llorar de arrepentida sin perdón.*
> *(...) Viví en tu amor una esperanza,*
> *la inútil ansia de tu salvación...*
> *(...) Si he vivido entre las risas*
> *por quererte redimir.*

---

[6] Citado en Guerrero Cabrera, M. (9 de junio de 2014), "La biblia contra el calefón. Las imágenes religiosas en los tangos de Enrique Santos Discépolo", en *El Coloquio de los Perros*.

Esta Magdalena ha representado un papel y, por lo tanto, ha engañado a un hombre que se creyó un Jesús para salvarla de su caída. No hay, pues, redención para ella, lo que provoca el desencanto, la decepción en un hombre que siente que lleva puesta una máscara.

"Yira, yira" (1930) insiste en esta línea del desencanto, mencionando la pérdida de la fe. Algo similar ocurre con "Confesión", del mismo año ("Perdí tu amor... ¡Nada más que por salvarte!"). Hay que mencionar "Qué sapa, Señor", un "diálogo confiado con Dios" sobre su desorientación, aunque no emplea ningún tipo de referencia como las que estamos analizando.

Así llegamos a 1935, cuando escribe el que quizá sea su tango más conocido: "Cambalache". En este tango hallamos una única referencia religiosa, una metáfora muy lograda:

Herida por un sable sin remaches,
ves llorar la Biblia
contra un calefón...

La interpretación de este verso ha traído muchas reflexiones. Para algunos autores, Discépolo unifica tres aspectos morales con un fin burlesco: el heroísmo del pasado (el sable), la fraternidad de Cristo (la Biblia) y el bienestar presente (calefón). Todo esto está "revolcao" en un cambalache irreconciliable y no hay manera de acertar con lo que está bien o lo que está mal, porque "todo es igual, nada es mejor". En este tango, la Biblia representa la conducta de ayudar al prójimo que Cristo predicaba y que no es posible por la injusticia, la deshonestidad y la corrupción del ser humano.

Para otros investigadores, la idea de la Biblia que llora contra un calefón tiene que ver con razones mucho más escatológicas y crudas, como ser la ausencia de papel higiénico en ciertos baños de hoteles de baja categoría, en contraposición a la omnipresencia del máximo libro de la religión católica, generalmente acomodado en algún cajón de la habitación.

En cualquier caso, el efecto de contraposición está logrado, y la imagen es potente.

Quizá sea en "Tormenta" (1939) donde Discépolo alcanzó la mayor expresión en el dramatismo religioso, a pesar de que no expone ninguna metáfora en esa dirección. Este tango se caracteriza por repetir la expresión "¡Dios!" como apóstrofe en todas las estrofas, pues pareciera tratar de establecer algún tipo de diálogo con el Supremo, sin respuesta, es un soliloquio:

> *Si hoy la infamia da el sendero*
> *y el amor mata en tu nombre,*
> *¡Dios!, lo que has besao...*
> *El seguirte es dar ventaja,*
> *y el amarte es sucumbir al mal.*
> *No quiero abandonarte, yo;*
> *demuestra una vez sola*
> *que el traidor no vive impune,*
> *¡Dios!, para besarte...*

Norberto Galasso reflexiona sobre la angustia del tango y la crisis de unos valores que manifiestan "la evidencia de una sociedad donde triunfan los audaces y los pillos (...), siente tambalear su fe en el 'amaos los unos a los otros'",[7] asunto cristiano que ya hemos comentado en otros tangos. Tanto él como Pujol coinciden en que el ambiente prebélico a la II Guerra Mundial debió influir en su tono angustioso, que pide a Dios una muestra de su influencia, para ofrecerse feliz como ofrenda:

---

[7] Guerrero Cabrera, M., op. cit.

> *Enséñame una flor*
> *que haya nacido*
> *del esfuerzo de seguirte,*
> *¡Dios!, para no odiar*
> *al mundo que me desprecia,*
> *porque no aprendo a robar...*
> *Y entonces de rodillas,*
> *hecho sangre en los guijarros,*
> *moriré con vos, feliz, ¡Señor!*

En el resto de tangos discepolianos, no aparece ninguna imagen relacionada con la religión; sin embargo, la palabra "Dios" aparece casi siempre. Veamos tres casos destacados. En "Uno" –1943–, se queja de lo tardío de su amor y atribuye a Dios su triste situación. En "Canción desesperada" –1945– lanza una pregunta retórica que transmite el desamparo que recibe de Dios: "¿Dónde estaba Dios cuando te fuiste?".

En "Gricel" (1942), José María Contursi incluye la imagen del Cristo para presentar una promesa rota y la fuerza del desengaño:

> *No te olvides de mí,*
> *de tu Gricel,*
> *me dijiste al besar*
> *el Cristo aquel*
> *y hoy que vivo enloquecido*
> *porque no te olvidé*
> *ni te acuerdas de mí...*
> *¡Gricel! ¡Gricel!*

El tango, que musicalizara Mariano Mores –otro incursionador habitual en la temática–, concluye con un lapidario:

> *¿Qué será, Gricel, de mí?*
> *Se cumplió la ley de Dios*
> *porque sus culpas ya pagó*
> *quien te hizo tanto daño.*

Los 60: el canto del cisne

La década del 60, influenciada por las experiencias filosóficas extranjeras (el *hippismo*, el hinduismo, etc.), tuvo una revalorización de la cuestión religiosa. En 1964, Tita Merello escribía el tango "¿Decime, Dios, dónde estás?":

> *¿Decime, Dios, donde estás?,*
> *que me quiero arrodillar.*

Eladia Blásquez (una de las poetisas más importantes de estos años), escribía en aquella época varios tangos que incluían referencias a Dios:

> *... porque en todo palpita la vida, sí, creo en Dios.*
> En "Qué buena fe", mucho más ácida, decía aquello de
> *¡Qué buena fe...!*
> *Que Dios me ha dao.*
> *¿Y para qué?...*
> *Me han estafao.*

En el tango "Frente al mar" (1963, Mores, Taboada), la imagen que se describe nos retrotrae nuevamente a la plegaria religiosa:

> *Frente al mar,*
> *frente a Dios*
> *empapada de noche y de pena mi voz*
> *se estremece en el último adiós...*
> *Frente al mar,*
> *frente a Dios,*
> *yo te ruego que, al menos,*
> *me digas por qué me castigas...*
> *Frente a Dios,*
> *frente al mar,*
> *yo pregunto si acaso el delito fue dar,*
> *siempre dar, sin pedir más que amar...*

El poeta uruguayo Horacio Ferrer y el bandoneonista argentino Astor Piazzolla escribieron varias obras en conjunto, en las cuales la liturgia religiosa está muy presente. Además de las fuertes analogías con Jesucristo que se reflejan en "Balada para un loco", "Chiquilín de bachín" o "La bicicleta blanca", podemos mencionar la bellísima "Milonga del trovador", escrita en 1968:

Mi casa es donde canto
porque aprendí a escuchar
la voz de Dios que afina en cualquier lugar,
ecos que hay en las plazas
y en las cocinas,
al borde de una cuna y atrás del mar.

Ese mismo año, estrenaron "María de Buenos Aires", una ópera-tango en dos partes. El argumento narraba la vida de María, desde su nacimiento en un arrabal porteño, "un día en que Dios estaba borracho". Decidida a conocer el centro de la ciudad, allí conoce el tango y se convierte en prostituta. Los ladrones y las madamas la llevan a la muerte. Tras su deceso, su sombra es condenada a deambular por la ciudad de Buenos Aires. María, reencarnada y virgen de nuevo, en presencia de "Las amasadoras de tallarines" y de "Los tres albañiles magos", da a luz una niña, que resulta ser ella misma.

La obra tiene una fuerte presencia surrealista, aunque abundan estereotipos y típicos personajes porteños, así como escenas cotidianas de los bajos de la capital argentina.

El surrealismo le daría otro aporte al tango con Juan José Ceselli. A los cuarenta y tres años, Ceselli, motivado por la lectura de Pablo Neruda, comenzó a dedicarse a la escritura y la poesía. Diez años más tarde, editó su primer libro, que la crítica calificó como "surrealista". Formó parte del grupo que editó tres números de la revista surrealista

Vía Libre. Vivió en Francia del 56 al 61, año en que regresó para ocuparse de la publicación de *Violín María*, que fue premiada por el Fondo Nacional de las Artes. Entre sus obras publicadas están: *La otra cara de la luna, La sirena violada, El Paraíso desenterrado* y *Poemas jíbaros*.

La misa tanguera (compuesta casi en simultáneo con la *Misa criolla* de Ariel Ramírez, basada en textos adaptados por los sacerdotes Antonio Osvaldo Catena, Alejandro Mayol y Jesús Gabriel Segade) fue creada en aquellos años. Osvaldo Pugliese estaba por musicalizar su misa tanguera cuando falleció.

En las décadas siguientes, las poesías tangueras con temática o mención religiosa fueron cayendo en desuso, conjuntamente con la virulencia de las dictaduras y la competencia directa de otros géneros musicales. En esa dirección, sería el rock el que se instalaría en el centro de la cultura joven, y las plumas de músicos como Charly García, Luis Alberto Spinetta o Gustavo Cerati pasarían a ocupar el lugar privilegiado que ocuparan los poetas del tango en las décadas anteriores.[8]

Mencionemos para el final la "Misa porteña", suerte de canto de cisne de la temática. La obra fue compuesta sobre los textos en español del ordinario de la misa católica de rito romano, con ocasión de la celebración del Bicentenario de la Patria, para ser interpretada por cuatro solistas, coro, y ensamble de cinco instrumentos (violín, bandoneón, guitarra eléctrica, piano y contrabajo).

La obra, compuesta con una estructura similar a la mencionada *Misa criolla*, recrea diferentes ritmos de nuestra música ciudadana tradicional (tango, milonga, vals, can-

---

[8] La liturgia y la fe religiosa tampoco quedarían afuera de la poesía del rock vernáculo. Simplemente para ejemplificar, podemos mencionar la obra conceptual "La Biblia", de Vox Dei, y "Rezo por vos", compuesta precisamente por Charly García y Spinetta.

dombe), pero siguiendo los procedimientos compositivos de la música académica.
Según el sitio web de Gustavo Giménez (su autor), se buscaba

> con ella difundir una visión más actual de la música ciudadana, como así también, acercar a los amantes de la música una versión diferente a la de la misa académica; y a la vez, mostrar dentro y fuera del país una manifestación tan representativa de nuestra cultura occidental como es la misa católica, conjugada con un lenguaje nacional y ciudadano como el tango.[9]

La obra completa se estrenó el 18 de diciembre de 2010 en el Museo de Arte Decorativo de la Ciudad de Buenos Aires. Participaron en esa ocasión, tres agrupaciones corales: el Coro de la Fundación Cultural UOCRA, el Coro del CEMIC y el Ensamble Vocal El Aleph, siendo solistas la soprano Rebeca Nomberto, la mezo-soprano Mirta Braylan, el tenor Manuel Luna y el bajo Maximiliano Michailovsky, con la participación del Quinteto Percal. La dirección musical estuvo a cargo del autor de la obra, el Maestro Gustavo Giménez.

---

[9] Giménez, Gustavo (2010), "Misa Porteña para el Bicentenario". Disponible en: http://goo.gl/C3gHgg.

Segunda parte.
El tango y las leyes

El tango y las leyes, entre el olvido y la reivindicación

La relación del tango con el mundo de las instituciones es de larga data, prácticamente desde su origen.

A nivel de las reglamentaciones, podemos decir que hay tres etapas diferenciadas. La primera (1880-1930), donde el tango en cualquiera de sus manifestaciones prácticamente es ignorado por el sistema legal. Únicamente el baile sufre censura y limitaciones, pero más vinculadas a los problemas en los espacios de esparcimiento que a una política oficial en relación con el género.

La segunda etapa (1930-1983) está inmersa en una búsqueda de control de los contenidos de la ya fuertemente desarrollada industria cultural. En ese sentido, el tango será observado y regulado especialmente desde el punto de vista de sus letras, tanto desde el aspecto formal como del contenido. Es una etapa de fuerte intervención estatal a través de reglamentaciones, leyes y estatutos.

La tercera etapa (1983-...) también cuenta con una activa participación del Estado, pero en este caso con una clara impronta de reconocimiento y reivindicación del tango en todas sus manifestaciones. Asimismo, se comienza a apreciar una mayor pluralidad y apertura no solo hacia el género en particular, sino hacia las manifestaciones populares locales en general, que incluye la creación de la conciencia del cuidado del patrimonio nacional.

Primera etapa: el baile prohibido, el género olvidado (1880-1930)

El tango en sus comienzos. El doble sentido de sus títulos y la forma del baile como marca distintiva del género. (Fuente: Archivo General de la Nación).

Durante las últimas décadas del siglo XIX y las primeras del XX, el tango fue un género vinculado –por lo menos desde el punto de vista de la opinión pública– al bajo fondo y el mundo prostibulario. En ese contexto, resultaba casi natural que se le viera involucrado en disturbios de todo tipo, con epicentros en lugares como las llamadas "Academias de baile", o locales como El Tambito y El Hansen.

En relación con El Hansen, un sugestivo artículo escrito por Félix Lima para la revista *Caras y Caretas* ilumina un poco al respecto:

> Estaba prohibido el bailongo, pero a retaguardias del caserón de Hansen, en la zona de las glorietas, tangueábase liso, tangos dormilones, de contrabando (...) "La Morocha", el tango de Saborido, tocábase vuelta a vuelta. Se encontraba en el apogeo de su popularidad. La orquesta nocturna era de línea. "Pas" de bandoneón.

El fuelle todavía no habíase hecho presente en público. Los tangos de Bassi y Villoldo –"El Incendio" y "El Choclo"– abríanse cancha. "Unión Cívica", el mejor tango del compositor Santa Cruz, también estaba de moda…[10]

La violencia con que los clientes solían acompañar el tango "El esquinazo" (escrito en 1902 por Pesce y Polito, con música de Villoldo) forzó al dueño a prohibir el tango exhibiendo un cartel que decía: "Está terminantemente prohibido la ejecución del tango 'El esquinazo'. Se ruega prudencia en tal sentido. El propietario".

Felipe Amadeo Lastra aseguraba en cambio que el tango no se bailaba allí, porque "estaba prohibido como en todos los sitios públicos. Recién se pudo bailar en el Pabellón de las Rosas, primera *boîte* que hubo en Buenos Aires" (el Pabellón de las Rosas fue inaugurado hacia comienzos del siglo XX).

1881: primer edicto de la Policía Federal

Lo que demuestran ambas narraciones es que cualquier reunión pública que incluyera el tango corría el riesgo de la multa y hasta la clausura. Surgió la necesidad de crear reglamentaciones un poco más específicas, que delinearan al mismo tiempo la limitación del poder de la Policía en los asuntos individuales. Si bien hay indicios de que ya hacia 1855 existía una reglamentación para la habilitación de lugares de baile, recién en las últimas décadas del siglo se organizó en forma más sistemática y oficial.

En esa dirección, la Policía sacó en noviembre de 1881 un edicto de diecinueve puntos donde definía las características del baile público, distinguiéndolo del privado. Allí se lo restringía a

---

10 Citado en Puccia, E. H. (1976), *El buenos Aires de Ángel Villoldo, 1860-1919*, Buenos Aires.

aquellas reuniones que tengan lugar en establecimientos o casas en que se den periódicamente, por una o más veces, bailes con el objeto de lucro, ya se obtenga este mediante el cobro de una entrada, ya por el consumo de artículos de comercio que hagan los concurrentes, ya por el pago de un tanto la pieza de baile, ya por suscripción entre individuos o ya por cualquier otra forma de ganancia lícita.[11]

Los bailes públicos solo estaban permitidos los domingos de 8 a 12 de la noche, y no podían venderse en ellos bebidas alcohólicas.

La seguridad del local quedaba a cargo de los organizadores, mientras que la Policía se encargaría de la custodia del orden exterior. Dicha reglamentación sería mantenida y corroborada en otro edicto, difundido en 1896.

El tango escandaliza a Europa

Una postal enviada desde Moscú hacia 1920. El tango, en pleno auge en las cortes europeas. (Fuente: archivo personal del autor).

---

[11] Lamas, H. y Binda, E. (1998), *El tango en la sociedad porteña 1880-1920*, Ediciones Héctor L. Lucci, Buenos Aires.

Pero no solo en Buenos Aires el tango tenía problemas. En la primera mitad de la década de 1910, el género empezó a tener una amplia difusión internacional. Comenzó una nueva era para el tango, con el aporte de músicos mejor preparados, y la difusión del baile en las cortes y salones europeos. Poco antes de que comenzara la Primera Guerra Mundial en 1914, el emperador de Alemania, Guillermo II, prohibió que los oficiales prusianos bailaran el tango si vestían uniforme. El órgano oficial del Vaticano, L'Osservatore Romano, apoyó abiertamente la decisión en los siguientes términos:

> El káiser ha hecho lo que ha podido para impedir que los gentilhombres se identifiquen con la baja sensualidad de los negros y de los mestizos (...) ¡Y algunos van por ahí diciendo que el tango es como cualquier otro baile cuando no se lo baila licenciosamente! La danza tango es, cuanto menos, una de aquellas de las cuales no se puede de ninguna manera conservar ni siquiera con alguna probabilidad la decencia. Porque, si en todos los otros bailes está en peligro próximo la moral de los bailarines, en el tango la decencia se encuentra en pleno naufragio, y por este motivo el emperador Guillermo lo ha prohibido a los oficiales cuando estos vistan uniforme.[12]

Las prohibiciones del tango en Europa indicaban la difusión creciente del baile en los países que en ese momento eran "el centro" del mundo. Ya en 1913 se hablaba de la tangomanía en Europa. Un periodista italiano de la época, reflexionando sobre las razones del éxito del tango, escribía por entonces:

> Las viejas polcas y las anticuadas mazurcas y los acompasados lanceros no podían ya satisfacer el alma moderna empastada de sensibilidad. Apenas se podía soportar el antiguo vals alemán

---

12 Cámara de Landa, E. (1996), *Recepción del tango rioplatense en Italia*, en *Transcultural Music Review* (revista transcultural de música).

con sus giros en cuatro tiempos, destinado más a las personas atléticas que a las mujeres modernas de faldas ajustadas. Un baile, dicen, que no hace más que repetir continuamente un único paso y que no representa otra variedad que el girar en sentido inverso, es ejercicio demasiado monótono, demasiado serio, demasiado poco plástico, y para nada destinado a traducir a través de gestos las exquisitas e inadvertidas variedades del ritmo. Los viejos bailes no fotografían ni la música ni el estado psíquico de quienes danzan. El alma moderna necesita algo más fino, más sensible, más cerebral, que no sea un único paso cadenciado y uniforme como el de un pelotón de soldados marchando. Necesita ante todo de sensibilidad, de una estética nueva, más dinámica que plástica, de una coreografía algo mundana, que sea más arte que sport. (…) Se necesitaba una danza más compleja y osada, más nerviosa y sensible, más profunda y atormentada, más refinada y dinámica, hecha de impulsos y detenciones, de actitudes imprevistas y de posturas significativas, más artística y literaria, una danza que fuera la traducción plástica y dinámica de una música escrita prevalentemente en menor y plasmada sobre una tonalidad triste, armónicamente angustiada y saturada de pasiones y de enervante poesía.[13]

Segunda etapa: la institucionalización de la censura (1930-1976)

Pero aquellos solo serían tímidos escarceos y conflictos más vinculados al disturbio en la vía pública que a un verdadero dilema moral sobre el lugar del género en la nueva cultura popular que se estaba forjando. La verdadera persecución del género comenzaría hacia 1930, con el primer golpe de Estado.

---

[13] Cámara de Landa, E, op. cit.

La proscripción del lunfardo: antecedentes

Juan Pablo Bertazza distingue entre cuatro motivaciones para la censura de una letra o un cantor: 1) motivaciones políticas, 2) motivaciones lingüísticas, 3) motivaciones paranoicas y 4) motivaciones ridículas. Los tangos lunfardos aparecen claramente involucrados con la segunda motivación, pero tampoco podemos negar las motivaciones paranoicas (el miedo a la cultura popular extranjera y a la "contaminación") y en menor grado, las motivaciones políticas directas sobre algunos de los artistas involucrados (como Celedonio Flores, sobre quien volveremos más adelante).

El origen del lunfardo debe buscarse en las zonas marginales de la sociedad de fines del siglo XIX, específicamente en los sectores del hampa porteño. No es casual, entonces, que los primeros estudiosos de la jerga fueran funcionarios policiales (como Dellepiane o Fray Mocho) y tampoco que se la haya definido como una "lengua de los delincuentes".

La palabra "lunfardo" tendría su origen en el gentilicio "lombardo", término que llegó a ser sinónimo de "ladrón" porque los lombardos fueron, en el siglo XVIII, usureros y prestamistas, actividades por entonces impopulares. En esta línea, José S Álvarez "Fray Mocho", en sus *Memorias de un vigilante*, menciona el "Mundo Lunfardo", para citar un catálogo de actitudes delictivas de su tiempo.

La mezcla de idiomas y dialectos provenientes de las corrientes inmigratorias (el italiano, el caló, el francés, ciertos portuguesismos, y también palabras guaraníes y quechuas) convirtió al lunfardo en un punto neurálgico del ataque de todo tipo de puristas del lenguaje y nacionalistas, no exento de una fuerte dosis de xenofobia y clasismo.

Ya en 1902, Miguel Cané escribía que:

> El día que la educación primaria sea realmente obligatoria entre nosotros, el día que tengamos escuelas suficientes para educar a los millares de niños que vagan de sol a sol en los mil oficios callejeros de nuestra capital, el lunfardo, el cocoliche y otros idiomas nacionales perecerán por falta de cultivo.[14]

Este rechazo hacia las nuevas formas idiomáticas se transformó en un eje de discusión más importante hacia los tiempos del Centenario de la Revolución de Mayo, cuando las clases dominantes se plantearon un debate sobre el ser nacional, el nacionalismo y el criollismo expresados en la figura literaria del Martín Fierro y la reivindicación del idioma español frente a la "babelización" de lenguas y culturas que pululaba en los conventillos de la ciudad. "Nos cambian la lengua que se nos pudre, nos cambian el país", se quejaba Lucio Mancilla.

La crisis del 30 y el nacionalsocialismo

La crisis del 29 y la caída financiera de los EE. UU. prácticamente paralizó el comercio internacional, al tiempo que marcó una tendencia internacional de intervención estatal en las economías de las naciones. Al mismo tiempo, el triunfo electoral del nacionalsocialismo en Alemania terminó de consolidar la expansión de las ideologías de extrema derecha en el continente europeo.

En ese contexto, la Argentina no fue ajena al debate internacional. La década de 1930, luego del golpe de Estado que derribó a Hipólito Yrigoyen y permitió el ascenso de los conservadores, estuvo marcada por los mecanismos de fraude y persecución política. El golpe cívico-militar encabezado por el general José Félix Uriburu y legitimado por la conspiración de una coalición que incluyó facciones con-

---

[14] Citado en Burgstaller, C. H., op. cit.

servadoras, nacionalistas oligárquicas, radicales antipersonalistas y socialistas independientes fue decisivo –quizá hasta en forma involuntaria– en la posterior expansión de las ideas totalitarias y fascistas del gobierno, y en cierto cierre progresivo de la economía local.

Decreto 21.044. Reglamento de Radiocomunicaciones

Con la caída de Yrigoyen y el fortalecimiento de las tendencias nacionalistas de derecha, el control por los medios de comunicación y, más importante aun, lo que aquellos debían comunicar, se hizo vital. El tango, y en especial aquellas de sus canciones con letras lunfardas, se instalaría en el centro de la mira de los esfuerzos estatales por el sometimiento de las nuevas expresiones populares.

En el año 1931, y durante la presidencia de facto de José Félix Uriburu, se ordenó cambiarle el título del tango de Cobián y Cadícamo "La casita de mis viejos" por el de "La casita de mis padres". Pero ello sería solo el comienzo. Dos años más tarde surgió el Reglamento de Radiocomunicaciones (Decreto 21.044). Este dispuso que la acreditación de toda estación radioeléctrica quedara a cargo de la Dirección General de Correos y Telégrafos. Risso Domínguez sería su primer director, quien ejercería el cargo entre 1932 y 1938.

El flamante reglamento consideraba, entre otras cosas, que el objetivo primordial de las transmisiones era ofrecer al escucha "manifestaciones altamente artísticas y culturales" (art. 104, inciso 1). Esta difusa reglamentación comenzaría a definirse con más claridad en los próximos años.

En agosto de 1935 –dos meses después de la muerte de Carlos Gardel– se publicó una tercera edición de las disposiciones, titulada "Instrucciones para las Estaciones de Radiodifusión". Allí se especificó cuál era el concepto artístico o cultural referido en aquel artículo 104 del reglamento. Se hacía allí un especial énfasis en cuestiones del lenguaje. En el Título VII, artículo 1°, inciso c, se planteaban las proscripciones en torno al uso de "modismos que bastardeen el idioma" y a "la comicidad de bajo tono que se respalda en remedos de otros idiomas, equívocos, exclamaciones airadas, voces destempladas, etc.".

De este modo, y en forma irregular, los compositores se encontraron con que las emisoras empezaron a censurar algunas de sus canciones.

Decreto 7695

En 1938, durante la presidencia del Dr. Roberto M. Ortiz, se estableció la Comisión de Estudio y Reorganización de los Servicios de Radiodifusión en la República Argentina (Decreto 7695). La comisión presentó un informe y un proyecto que no llegó a concretarse. Sin embargo, trajo como consecuencia un incremento en la aversión contra el lenguaje de las canciones populares.

Alarmadas, las agrupaciones gremiales de artistas escribieron una dura carta dirigida al residente de la República:

> Hasta qué punto una medida como la que se preconiza, de restricción a la transmisión de obras representativas de la literatura y cancionero popular y eliminación lisa y llana de estaciones, perjudicaría la difusión de aquellas, como perjudicaría a la vez, a millares de hogares argentinos,

al dejar sin trabajo a muchos artistas y músicos vinculados con la radiofonía.

El 20 de agosto de ese mismo año, la revista *SADAIC* publicó un editorial titulado "En defensa del cancionero popular argentino". Allí se defendía que el nivel común de sus letras no es inferior al de las similares que se cantan en el resto del mundo y, en muchos casos, acusan una destacada superación (...) Lo que está cayendo son, a la postre, expresiones nacidas en las calles de nuestra ciudad, es cierto, pero aceptadas luego en los hogares porque no llevaron a ellos ninguna resonancia bastarda o canallesca.

Pero contrariamente a lo que se puede pensar, el editorial no atacaba la regulación; en realidad, lo que pedía era que las agrupaciones gremiales no fueran desplazadas de su rol regulador:

El Estado debe controlar. Es lo que sostiene la Sociedad Argentina de Autores y Compositores de Música, porque su propia importancia la obliga a sostener invariablemente lo que estima justo y necesario (...) sabrá dirigirse, a quien corresponda, ostentando sus títulos para ser la única autorizada a revisar lo que en las emisoras se canta y ser una censora sin el adusto ceño de los tercos ni la mediocre pedantería de los cursis, sino con la clara mirada de los comprensivos. Entonces habrá llegado el momento de echarles un vistazo prolongado a esas canciones extranjeras que corren y se multiplican por las ondas hertzianas.[15]

Resolución 6325

El 4 de junio de 1943 se produce un golpe militar encabezado por el GOU que destituye al presidente Castillo.

El 10 de junio se publicó la Resolución 6325, la que disponía que se harían cumplir las prescripciones legales y administrativas dictadas en 1933 respecto de las audiencias radiotelefónicas. Allí se buscaba regular no solo las trasmisiones de canciones, sino también el contenido de las publicidades.

Al mes siguiente, se produjo un refuerzo a las normas. Se presentó una resolución que prohibía

---

[15] Fraga, E. (2006), *La prohibición del lunfardo en la radiodifusión argentina 1933-1953*, Lajouane, Buenos Aires.

los rellenos o números de cualquier índole en que se desfigure sistematizadamente el idioma nacional, so pretexto de retratar ambientes campesinos y de arrabal; también los números cómicos que pretendan obtener hilaridad de sus auditorios mediante recursos de baja comicidad, remedo de otros idiomas, gritos destemplados, carcajadas y exclamaciones atronadoras, mezcla de canciones y ruidos de idéntico tono y equívocos de dudosas interpretaciones.

El lunfardo volvía a estar en el eje del debate.

Una serie de circulares firmadas por el interventor de Radiocomunicaciones Humberto Farías explicitaron las palabras que debían ser proscriptas o modificadas. Allí se podían leer las palabras en cuestión y sus cambios.[16]

Los tangos y sus autores comenzaron a sentir el acoso. A comienzos de la década del 40 Vicente Crisera, un ex cantor de tango al servicio de la Dirección de Radiocomunicaciones, le censuró al letrista Leopoldo Díaz Vélez la canción "Club de barrio", que ya había sido editada por Fermata. El motivo era que Hansen, el lugar al que hacía referencia la canción, era un prostíbulo. Otras canciones fueron modificadas hasta en el título. Así fue como "Sobre el pucho" pasó a ser "Un callejón en Pompeya", "Chiqué" se transformó en "El elegante", "Susheta" se cambió por "La aristócrata", "Qué vachaché" por "Qué vamos a hacerle", "El ciruja" por "El recolector", "La catrera" por "La cama" y "Yira yira" por "Camina, camina".

El tango "De barro" (Piana, Manzi) fue editado por la editorial Julio Korn el 9 de abril de 1943 y, si bien la portada no registraba la frase de aprobación de Radiocomunicaciones para su libre difusión, el tango no pudo ser emitido por radio porque en sus versos se incluía la palabra

---

[16] Algunas de las palabras que debían ser modificadas: *atenti* por "atención"; *confesao* por "confesado"; *chófer* por "chofer"; *gayola* por "prisión"; *enfarolarse* por "vestirse elegante"; *pelado* por "calvo"; *tololo* por "tonto", etc.

"pucho", que los censores de turno interpretaban como un vocablo del bajo fondo, cuando en realidad se trataba de un término de origen Quechua.

Otro caso fue el de "Tal vez será mi alcohol" (Manzi, Demare), que también fue editada por Korn el 27 de mayo de 1943, pero que llevaba el título de "Tal vez será mi voz". En este caso la partitura sí llevó impresa la leyenda de aprobación "por Radiocomunicaciones para su libre difusión".

Monseñor Gustavo Franceschi. (Fuente: Archivo General de la Nación).

Detrás de las sanciones legales, se podía ver la mano intelectual de dos hombres: el escritor Gustavo Martínez Zuviría (Hugo Wast) y monseñor Gustavo Franceschi. Curiosamente, o no tanto, ambos nombres tuvieron una indirecta vinculación con Gardel, el máximo ícono del tango. Martínez Zuviría fue el autor de *Flor de durazno*, una novela que había sido llevada al cine en 1917 con Carlos Gardel como protagonista. Monseñor Franceschi, por su parte, supo escribir para la revista *Máscara* en 1936 un editorial donde reflexionaba con desprecio sobre la llegada del cadáver de Carlos Gardel a la Argentina (ver "El tango y la Iglesia").

En 1943, Martínez Zuviría, siendo ministro de Educación de Ramón Castillo, creó una comisión presidida por monseñor Franceschi, encargada de salvaguardar la pureza del idioma. Esta comisión arremetió contra los tangos prohibiendo el voceo, el uso de términos lunfardos, y cualquier referencia al alcohol y a las drogas.[17]

En esa dirección, el tango "Los mareados" (Cadícamo, Cobián), estrenado con un éxito furioso en 1942, tampoco se salvó de las garras de la censura. Cadícamo se vio obligado a escribir una nueva letra, con un nuevo nombre: "En mi pasado". La historia (¿leyenda?) cuenta que Enrique Cadícamo, cuando fue llamado por un funcionario que le comentó los "inconvenientes" que había con su letra de "Los mareados", se sentó frente a una máquina de escribir y de ella salieron unas estrofas que puso a consideración del censor. "¿Así le gusta?", interrogó el poeta; a lo que el funcionario contestó: "Esto está mejor". Inmediatamente el poeta rompió en pedazos lo que acabada de escribir y le contestó: "Pues sepa que esto es una porquería".

---

[17] Sin embargo, José Gobello comenta que monseñor Franceschi fue capellán de la Penitenciaría Nacional y que habría compilado un vocabulario lunfardo que estaría perdido. Y agrega: "Sospecho que Franceschi no condenaba las palabras sino las historias que con ellas se narraban... Luego, los funcionarios de segunda andana, que tienen el celo de los ignorantes, aplicaron la censura con su criterio de hormiga y convirtieron el planteo ético de Franceschi en una cuestión lexicológica" (Gobello, J. [1999], *Breve historia crítica del tango*, Ediciones Corregidor, Buenos Aires).

Con el habitual ingenio ciudadano, la gente en las calles decía que, si la censura seguía, el nombre del tango "Guardia vieja" iba a ser cambiado por "Cuidado, mamá".

"Mano a mano", un caso paradigmático

Celedonio Flores. (Fuente: Archivo General de la Nación).

Celedonio Esteban Flores nació el 3 de agosto de 1896 en la ciudad de Buenos Aires. Llegó a cursar los estudios primarios y secundarios, pero abandonó en tercer año: sus expectativas se orientaron hacia el rumbo artístico, particularmente la música. Comenzó entonces a estudiar violín en el conservatorio Williams, luego pintura y bellas artes.

En 1910, los Flores se mudaron al barrio de Villa Crespo. Celedonio se sintió fuertemente atraído por la literatura, especialmente de los poetas modernistas como Rubén Darío, Amado Nervo, Evaristo Carriego y Alfonsina Storni.

En el año 1920 envió al diario *Última Hora*, un poema titulado "Por la pinta", por el cual recibió cinco pesos como pago. Los versos de dicho poema llamaron la atención de Carlos Gardel y de José Razzano, que le pusieron música, y así crearon el tango "Margot", una crítica a la muchacha humilde y bonita que se acomoda y se pervierte para escapar de su destino de pobreza.

Años después cambió de empleo: pasó del ferrocarril a trabajar en un estudio contable, y más aliviado económicamente, Celedonio Flores dio rienda suelta a su labor poética a través del tango.

Entre otras letras pueden mencionarse "La mariposa" (1923), con música de Pedro Maffia; "El alma que siente", "Milonga fina" (1924); "El bulín de la calle Ayacucho" (1925), y en 1926 "Sentencia", llevado al disco por Rosita Quiroga.

Flores siempre coqueteó con el anarquismo, aunque sin llegar a ejercerlo. Así, escribió tangos como "Pan" y "Gorriones", que el propio Carlos Gardel llevó al disco.[18]

Pero sin dudas, el caso paradigmático fue el de "Mano a mano", su tango de mayor renombre. En él se describía la ruptura de la relación entre un hombre y una mujer, desde el punto de vista masculino. La letra tenía una fuerte presencia de palabras lunfardas, como *rechiflao*, *paria* o *bacana*.

Aplicado el silencio oficial contra la letra, la editorial Pirovano pidió a Celedonio Flores la redacción de una nueva para someterla al Comité de Radiocomunicaciones.

---

[18] "El sol es el poncho del pobre que pasa / mascando rebelde blasfemias y ruegos pues tiene una horrible tragedia en su casa / tragedia de días sin pan y sin fuego. Nosotros gorriones del hampa gozamos / su amistad sincera en días de farra. ¡Qué importa la guita si adentro llevamos / el alma armoniosa de veinte guitarras! Nosotros cantamos con nuestra miseria / el himno a los libres del verso sonoro sin tenerle envidia al canto de histeria / del pobre canario de la jaula de oro."

Flores –que también había sufrido la censura de su tango "Audacia"– accedió al pedido del editor para que la obra siguiera en circulación, y adaptó unos novedosos y "refinados" versos para "Mano a mano". Transcribimos las dos, la original de 1923, y la adaptada en 1943 y aprobada por el gobierno (la segunda aparece en cursiva):

> "Rechiflao en mi tristeza, te evoco y veo que has sido
> de mi pobre vida paria solo una buena mujer.
> Tu presencia de bacana puso calor en mi nido,
> fuiste buena, consecuente, y yo sé que me has querido
> como no quisiste a nadie, como no podrás querer".

> *Te recuerdo en mi tristeza y al final veo que has sido / en mi existencia azarosa, más que una buena mujer*

> *Puso tu hermosa figura calor de hogar en mi nido / Fuiste noble, consecuente y yo sé que me has querido / como no quisiste a nadie, como no podrás querer.*

> "Se dio el juego de remanye cuando vos, pobre percanta,
> gambeteabas la pobreza en la casa de pensión:
> hoy sos toda una bacana, la vida te ríe y canta,
> los morlacos del otario los tirás a la marchanta
> como juega el gato maula con el mísero ratón".

> *Se cruzaron nuestras vidas, tu bondad y mi bohemia, / mi romántica bohemia veinteañera y pertinaz*

> *Y pusiste la dulzura de tu amor que todo premia / en mi vida que llevaba mi rebelde neurastenia / de quien vive de sus sueños, de sus sueños nada más.*

> "Hoy tenés el mate lleno de infelices ilusiones.
> Te engrupieron los otarios, las amigas, el gavión.
> La milonga entre magnates con sus locas tentaciones
> donde triunfan y claudican milongueras pretensiones
> se te ha entrado muy adentro en el pobre corazón".

Yo te di lo que tenía... si el amor tuviera precio / Poseíste una fortuna de cariño y de bondad

El cariño de mi madre, el respeto y el aprecio / de esos hombres del pasado de temperamento recio / que sabían del concepto del amor y la amistad

"Mientras tanto, que tus triunfos, pobres triunfos pasajeros,
sean una larga fila de riquezas y placer;
que el bacán que te acamala tenga pesos duraderos,
que te abrás en las paradas con cafishios milongueros,
y que digan los muchachos: 'es una buena mujer'".

Yo no tuve más que darte, todo puse a tus antojos / todo menos el respeto de mi propia dignidad

No quería que asomara una lágrima en tus ojos / y evitaba con mis actos el menor de tus enojos / porque sé donde comienza y termina la lealtad.

"Nada debo agradecerte, mano a mano hemos quedado,
no me importa lo que has hecho, lo que hacés ni lo que harás;
los favores recibidos creo habértelos pagado
y si alguna deuda chica sin querer se había olvidado
en la cuenta del otario que tenés se la cargás".

Nada habrás de agradecerme, mano a mano hemos quedado / No me importa lo que has hecho, lo que hacés ni lo que harás

Los favores recibidos creo habértelos pagado / y si alguna deuda chica sin querer se me ha olvidado / te suplico que la olvides, que la olvides nada más.

"Y mañana cuando seas descolado mueble viejo
y no tengas esperanzas en el pobre corazón,
si precisás una ayuda, si te hace falta un consejo
acordate de este amigo que ha de jugarse el pellejo
p'ayudarte en lo que pueda cuando llegue la ocasión".

> *Y mañana si recuerdas el amor del tiempo viejo / y ya muerta la esperanza te flaquea el corazón*
>
> *Si precisás una ayuda, si te hace falta un consejo / olvidando lo pasado y aunque esté ya solo y lejos / me tendrás siempre a tu lado, cuando llegue la ocasión.*

La repercusión, por supuesto, no fue la misma (de hecho, muy pocos cantantes se animaron a llevarla al disco). "Celedonio Flores había sido uno de los más proscriptos y a lo mejor se murió de pura bronca", reflexionó Edmundo Rivero años más tarde (Flores falleció en agosto de 1947, cuatro años más tarde de la modificación de la letra). Rivero también sufrió las molestias de la prohibición: "La censura no permitió que mi repertorio de aquellos años con Troilo tuviera más letras reas".

1949-1953: mejoras parciales

En 1948, Enrique Santos Discépolo escribió la letra de "Cafetín de Buenos Aires". La Secretaría de Prensa y Difusión la vetó, porque sostenía que la frase "y me entregué sin luchar", incluida en la canción, denotaba un pesimismo poco recomendable para la difusión.

La comitiva de SADAIC en la visita a Perón.
(Fuente: Archivo General de la Nación).

Quizá movilizados por ello, o por la relación que algunos de los músicos y poetas tenían con Perón, los directivos de SADAIC escribieron una carta al flamante presidente de la nación. Perón convocó entonces a un grupo de músicos populares designado por SADAIC, entre los cuales estaban Francisco Canaro, Homero Manzi, Mariano Mores y el propio Discépolo. La afable reunión fue el comienzo del levantamiento de la censura. Claro que este no fue inmediato. Pocos años después, en 1953, la promulgación de la Ley de Radiodifusión ya no proscribía el lenguaje popular, al mismo tiempo que empezaron a salir libros que le dedicaban al lunfardo análisis más serios y menos prejuiciosos.

Las siguientes décadas: más de lo mismo

Los golpes de Estado y las proscripciones parciales continuaron, y con ellos las idas y vueltas de la censura. En el año 1962, Edmundo Rivero –todo un paladín de la "causa lunfarda"– volvió a sufrir el acoso censor, al cantar el tango "Bronca", escrito por él y Mario Batistella. Este decía:

> *Los ladrones van en coche, Satanás está de farra y detrás de la fanfarra, salta y baila el arlequín / Es la hora del asalto, sírvanse que son pasteles y así queman los laureles, que supimos conseguir.*

Durante la dictadura de Onganía (1968), las prácticas de censura volvieron a brotar, aunque, por entonces, el abanico de la música popular era mucho más amplio y la prohibición se extendió al folklore, los cantantes melódicos y el incipiente rock nacional, con una intensidad y "oficialización" creciente que terminaría por desbordar en la siguiente década, a partir de los secuestros y asesinatos de la triple A y la última dictadura militar.

En los 80, las listas de músicos prohibidos que confeccionaba la Secretaría de Información Pública nunca llevaron membrete oficial y fueron guardadas bajo llave. Esos artilugios, que empezaron siendo en el período 1933-1953 listas "caídas del cielo", luego se fueron "institucionalizando" y organizando, lo que generó confusiones de signo incluso opuesto, ya que mientras en los 30 los compositores e intérpretes creyeron muchas veces que la censura se debía a la mala predisposición de ciertas emisoras, en la última dictadura empezó a suceder justamente lo inverso: cuando a los medios les llegaban las listas prohibidas, algunos productores que le habían tomado gusto a la situación, aprovecharon para agregar en la nómina algún que otro nombre que no les cayera del todo bien.

Decreto Ley 21.329: otras censuras

Durante el llamado Proceso de Reorganización Nacional (1976-1983), algunos géneros indirectamente vinculados con el tango –la murga, el candombe y la milonga– también sufrieron persecuciones, principalmente a través de su máxima expresión colectiva: el carnaval porteño. Siendo una expresa forma de denuncia social y política, que abarcaba temas como los problemas de integración que existían en la ciudad durante las corrientes inmigratorias a principios del siglo XX hasta los flagelos de la corrupción política, diferentes gobiernos habían intentado controlarlos, hasta que el 9 de junio de 1976 los feriados de carnaval fueron eliminados mediante el Decreto Ley 21.329.

Tendrían que pasar más de treinta años para que decretos parciales de la ciudad y luego del gobierno nacional reestablecieran los feriados.

Tercera etapa: la reivindicación tardía (1976-...)

Hacia mediados de la década del 70, el tango parecía herido de muerte. Las continuas censuras, la irrupción de nuevos géneros musicales y la falta de renovación de sus propios compositores parecieron condenarlo al ostracismo.

Si bien en 1977, y tras una lucha de años, Ben Molar consiguió que fuera creado el Día Nacional del Tango (que aún se celebra todos los 11 de diciembre), sería recién con el retorno de la democracia en 1983 y la creciente demanda internacional por el género que el tango tendría una nueva primavera. En esa dirección, y especialmente a partir de fines de la década del 90, las leyes nacionales, provinciales y urbanas fueron produciendo espacios más acordes para el desarrollo de las prácticas.

1977: Día Nacional del Tango. (Fuente: archivo personal del autor).

Hay dos leyes y un decreto –además de la ya citada creación del Día Nacional del Tango– que fueron promulgados en este período y que son fundamentales a la hora de la reivindicación del género a nivel oficial: la Ley 24.684 ("Tango"), la Ley 23.980 ("Instituto Nacional del Tango. Su creación"), y el Decreto 1235/1990 ("Academia Nacional del Tango. Incorporación").

En relación con el Decreto 1235/1990 – PEN – 28/06/1998, este incorporó a la por entonces flamantemente creada Academia Nacional del Tango, al régimen del Decreto 8749 del año 1955. En aquel decreto se establecía la recuperación de las academias nacionales a su normalidad e independencia.

Allí se consideraba que

las Academias por su propia existencia y libre actividad son conjuntamente con las Universidades, el signo más alto del grado de cultura de un país, y constituyen un órgano adecuado de la sociedad para la manifestación, progreso y acrecentamiento de las ciencias, las artes y las letras.

Las academias consideradas por entonces fueron la Academia Nacional de Medicina (Buenos Aires), la Academia Nacional de Ciencias (Córdoba), la Academia Nacional de la Historia (Buenos Aires), la Academia de Derecho y Ciencias Sociales (Buenos Aires), la Academia Argentina de Letras (Buenos Aires), la Academia Nacional de Bellas Artes (Buenos Aires), la Academia de Ciencias Exactas, Físicas y Naturales (Buenos Aires), la Academia Nacional de Agronomía y Veterinaria (Buenos Aires) y la Academia de Ciencias Económicas (Buenos Aires). A todas ellas se sumaba, a partir de 1990, la Academia Nacional del Tango.

En relación con la Ley 23.980, esta fue importante más por ser iniciadora que por su resultado efectivo.[19]

Los premios estipulados, la creación del Museo y del Instituto nunca terminaron de funcionar, y fueron fusionados, en la práctica, por otras instituciones (principalmente, la Academia Nacional del Tango).

En la última década se han multiplicado los edictos, leyes, resoluciones y decretos de protección del género, pero ya de un carácter más específico y regional. Igualmente, la constitución de campeonatos, festivales y torneos anuales ha proliferado, principalmente en la ciudad de Buenos Aires.

---

[19] Para ver la ley completa, ver en el Apéndice "El tango y las leyes hoy: resoluciones, decretos y edictos".

Tercera parte.
El tango y la escuela

Génesis simultánea, recorrido paralelo

Si hay una institución en donde el conflicto entre cultura popular y cultura institucional se hace más evidente, esa es la escuela.

Es que en su preocupación por formar a los niños en una forma integral, la currícula escolar siempre tuvo un especial cuidado en el tipo de contenido que presentaba a los educandos. En esa dirección, la cultura popular –y especialmente la música– siempre ha sido vista con recelo, y su contenido tratado con mucha distancia, o incluso ignorado.

En nuestro país, el origen del tango y de la escuela moderna son simultáneos y paralelos. Es por ello que, al leer el contenido de los programas de música de las escuelas de fines de siglo XIX y observar al mismo tiempo el rápido surgimiento y consolidación del tango como género popular de la ciudad de Buenos Aires, se percibe con mayor claridad la brecha entre la formación institucional que un niño recibía durante el día, y el tipo de consumo cultural al que se encontraba expuesto puertas afuera de la escuela.

La presente sección está orientada a presentar, básicamente, las primeras décadas de este recorrido paralelo. Decidimos comenzar con la Ley de Educación de 1884, y culminar con 1917, año en que el primer tango cantado moderno –"Mi noche triste"– es llevado al disco por Carlos

Gardel. Simbólicamente, podemos considerar esa grabación como el momento de la legitimación final del tango dentro de la sociedad.

Otros artículos de la sección incluyen la creación de las canciones patrias, y cómo se fue construyendo la conformación de los actos escolares en el cambio de siglo y los festejos del Centenario de la Independencia, ocurridos en 1910.

Guada Aballe –docente e investigadora de la temática escolar y la Buenos Aires de principios del siglo XX– realizó una serie de artículos vinculados al origen de la legislación educativa. Interesa observar cómo la creación de leyes –antecedentes de lo que luego sería la conformación final del Estatuto del Docente en las décadas del 40 y 50– está basada en casos particulares, en la necesidad de acuerdos y en las diferencias culturales y sociales de esa masa de niños que, fruto de la inmigración masiva de fines del siglo XIX y principios del XX, provenían de los orígenes más diversos. Nos pareció relevante incluirlos, además, para poder contextualizar una etapa en donde la institución educativa sentó sus bases estructurales, las cuales se mantendrían casi inalterables en su esencia hasta nuestros días.

Aballe también presenta un artículo sobre la escolaridad de Carlos Gardel, que incluimos en este trabajo por juzgarlo el máximo ícono del tango y la ciudad de Buenos Aires, y porque además dicha escolaridad ocurrió entre 1897 y 1904; es decir, precisamente en los años en que la escuela moderna comienza a consolidarse en el país.

Un segundo artículo sobre el último año de escolaridad de Gardel presenta un análisis de cómo era la modalidad de las escuelas particulares a través del ejemplo del Colegio San Estanislao. El artículo sirve, además, para reflexionar sobre las particularidades de la Ley de Educación, y la complejidad de la relación entre el Estado nacional y la Iglesia católica, aun en su época más álgida.

Finalmente, presentamos una experiencia actual con estudiantes de un colegio secundario en relación con una visita a la Casa Museo Carlos Gardel, y sus consabidas reflexiones sobre la figura del artista y el tango en la actualidad.

La música en el programa escolar

Para introducirnos en el tema, vamos a analizar primero un poco el contenido y la metodología de la asignatura Música en la enseñanza moderna.

En Argentina, los métodos europeos se incorporaron rápidamente a la enseñanza musical formal. Todos los métodos incluían, casi indefectiblemente, el canto como herramienta principal (es de suponer, entre otras cosas, que una de las causas fue la relación de costo-beneficio).

> Por el citado año 1874, empezábase a prestar mayor atención al canto escolar –recordaba F. G. Harmann en uno de los más tempranos análisis historiográficos de la educación argentina– (...) en aquel tiempo se hacía cantar para recreo, algo para dilatar pulmones y mucho para amenizar actos públicos.

En pocos años, el rol del canto cobraría una importancia relevante:

> La música es un medio esencialmente educativo. Para obtener los resultados que se pretenden en la escuela, es necesario enseñarle tomando como base el canto. (...) es un importante factor educativo del sentimiento, que estimula las inclinaciones simpáticas y dulcifica el carácter, que contribuye a la integridad de la enseñanza y a despertar las aptitudes, que sirve de recreo y

contrapeso al intelectualismo, que educa el oído y la voz que forma hábitos de atención, y finalmente, que favorece la disciplina escolar.[20]

En 1884 –año de la implementación de la Ley Nacional de Educación–, y con motivo del cierre del año y la distribución de los certificados de aprobación, se realizaron actos en cada una de las escuelas. En el ocurrido en la Escuela Graduada de Niñas del 6° distrito, ya se muestran los beneficios del sistema recientemente incorporado:

> … sorprendieron muy agradablemente los solfeos y los coros cantados por las alumnas, figurando entre estos últimos uno de Hugonotes, Angelo de Caritá y el Ave María. No puede negarse que los cantos van dando muy buenos resultados en nuestras escuelas, siendo dignos de ser escuchados.

Hasta allí, el sistema pedagógico esencial para enseñar el canto era a través de la repetición. Al crecer en forma casi exponencial la cantidad de niños incorporados al sistema educativo, la formación musical sufrió evidentes desajustes. Se buscó entonces proporcionar otros elementos pedagógicos más allá de la simple audición, pues esta tenía "un valor muy limitado e inferior, puesto que solo educa a imitar sonidos y a recordarlos, como podrían hacerlo los papagayos" (J. H. Figueira, 1894).

Sin embargo, la dificultad de volcar la enseñanza musical al canto como herramienta principal y casi exclusiva era la idoneidad de los docentes encargados de coordinar ese conocimiento.

---

[20] Hartmann, F. G. (1905), "Del canto escolar al canto popular nacional", en *El Monitor de la Educación Común*, Consejo Nacional de Educación, Buenos Aires. Disponible en http://goo.gl/Bseuo0.

Una propuesta, tomada del sistema educativo norteamericano, fue la de crear un superintendente de música. Su función debía ser la de ordenar el trabajo de los maestros y mostrarles cómo hacerlo. Para tal fin, se proponían conferencias, visitas a las escuelas, observación de clases, etc. Para aumentar "el estímulo" de los docentes a aprender a cantar para luego poder transmitirlo, se propuso discutir su estabilidad laboral.

> La idea de que están obligados a entender el asunto y a aprender a cantar ellos mismos o a perder su puesto, disipa de una manera admirable estas frases de los maestros: "No tengo don natural", "no puede ser", "rebaja la dignidad del maestro", "el cantar es cosa de tontos", y el adelanto se manifiesta por sí solo.[21]

La formación docente

En 1894, el Conservatorio de Música de Buenos Aires –uno de los principales formadores de docentes en el área de música– pasó a depender del Gobierno nacional. El programa que presentaba estaba dividido en cuatro secciones:

1. Teoría Musical (solfeo colectivo e individual)
2. Escuela de Canto (canto individual, canto colectivo y declamación lírica)
3. Escuela Instrumental:
    a. Instrumentos de teclado (piano y órgano)
    b. Instrumentos de cuerda (violín, viola, violoncelo y contrabajo)
    c. Instrumentos de madera (flauta, oboe, clarinete y fagot)

---

[21] Eaton, J. y Litzman (trad.) (1889), "El estudio de la música en las escuelas públicas", en *El Monitor de la Educación Común*, Consejo de Educación, Buenos Aires.

d. Instrumentos de cobre (trompa, trompeta, trombón, tuba)
4. Escuela Superior de Teoría Musical: Armonía, Contrapunto, Fuga, Estudio de las Formas y Orquestación.

Como se ve, no hay la menor mención a instrumentos ni géneros musicales autóctonos. A partir de allí, el criterio de la educación musical del resto del sistema educativo se basó en esta escala de valores y contenidos, y diferiría únicamente en el nivel de dificultad. En 1897, el consejo nacional de educación presentó su nuevo programa para los aspirantes a optar el cargo de profesor en las escuelas públicas. Este comprendía:

- Exponer una lección de la teoría, sorteada por el jurado (la teoría incluía solfeo y pentagrama, notas y figuras rítmicas, compases regulares e irregulares, escalas diatónica y cromática, intervalos, modulación, escala de quinta, adornos, abreviaturas, nociones de estética musical).
- Lectura a primera vista de una lección manuscrita de entonación en las siete claves.
- Transportar a primera vista a un tono ascendente o descendente sorteado por el jurado el acompañamiento de una canción escolar.
- Leer en voz alta la poesía de una canción sorteada por el jurado, comentarla y luego cantar acompañándose al piano.
- Ejecutar al piano una pieza o estudio a elección del concursante.

Los manuales escolares

Método de solfeo de Hilarión Eslava. (Fuente: archivo personal del autor).

Vamos a ver algunos de los libros de texto de música aprobados entre 1888 y 1900 para la enseñanza escolar, y sus autores.

Método de solfeo, por Hilarión Eslava

Miguel Hilarión Eslava Elizondo nació en Burlada, Navarra, el 21 de octubre de 1807. Estudió órgano, violín y piano con Julián Prieto, y composición con Francisco Secanilla. En 1854 fue nombrado profesor de composición del Conservatorio de Madrid, centro que once años más tarde pasó a dirigir.

Fue uno de los fundadores del grupo La España Musical, dedicado a defender la ópera española. Considerada una de las obras pedagógicas más importantes de Eslava, el "método completo de solfeo" será utilizado durante más de un siglo como material de enseñanza en los conservatorios. Se divide en las siguientes partes: Conocimientos preliminares – Intervalos – Del modo de escribir la música dictada – De las claves.

Al presentarse el libro, la comisión encargada de aprobar los textos de música, dibujo y ciencias naturales en 1888 para las escuelas primarias de la Argentina, definió:

> respecto del Método de Eslava, no es el discípulo entusiasta ni el maestro convencido del éxito el que habla en este momento: es la general aceptación de casi todas las academias y escuelas de España, y muchas corporaciones del resto de Europa y de las Américas, es el fallo de todos los doctos.

Sobre las quejas por su dificultad para la enseñanza a los niños de primaria –que al parecer, eran muchas– el inspector aseguraba que

> entregando la enseñanza de la Música a verdaderos músicos, no hay método difícil. En efecto, si es verdad que el Método de Eslava aparece, para niños, demasiado profundo, lo es también que el mismo autor salva la dificultad presentando un tan claro, tan bello, tan progresivo y lógico análisis de la ciencia del sonido, que con ayuda de discretos intérpretes, la infancia más tierna saca en breve tiempo el provecho mayor posible, y basado sobre los más sólidos principios.[22]

Tratado de música, por Saturnino Berón

En segundo lugar, se propuso y aceptó el libro de Berón. Saturnino Filomeno Berón era argentino, nacido en Paraná el 29 de noviembre de 1847. En 1863 ingresó al Ejército

---

[22] "Informes de las comisiones de textos de música, dibujo y ciencias naturales" (1888), *en El Monitor de la Educación Común*, pp. 704-707, julio, Consejo Nacional de Educación, Buenos Aires.

en el Batallón 7 de Infantería de Línea; cuatro años más tarde, fue nombrado subdirector de la Banda Militar de la Brigada de Artillería. Luego de perfeccionar sus estudios musicales en Italia, fue nombrado director de la Banda de la Policía de la Capital. Compuso numerosas marchas e himnos militares, como "Himno a Rivadavia", "Soldado valiente", "El primer albor" (diana), "Lola" (polca) y su obra más conocida, "Paso de los Andes", estrenada con motivo de la llegada de los restos del libertador general San Martín a la Argentina. El libro de texto propuesto se llamaba *Tratado completo de la música moderna, dividido en tres partes*. Fue publicado en 1889 (en ese momento Berón era teniente coronel), y ganó un concurso realizado por el Consejo Nacional de Educación, y premiado en la Exposición de Chicago (EE. UU.) en 1893.

Sobre el libro de Berón, la comisión lo definió como

> un discreto y concienzudo trabajo, suma y compilación de las mejores leyes musicales modernas, un estudio técnico y práctico a la par que comprende todo lo acertado, todo lo bueno que han dicho hasta ahora los mejores preceptistas contemporáneos.

Abecedario musical, por J. G. Panizza

Juan Gracioso Panizza fue violoncelista, director de orquesta y compositor. Nació en Gazzuolo (Mantua, Italia), en 1851. Estudió en el Conservatorio de Milán. En 1875 vino a Buenos Aires contratado por el empresario Ferrari para desempeñarse como primer violoncelo de la orquesta del teatro Colón; nunca se iría. Ese año se transformó en el director de la recién fundada sociedad musical La Lira. Fue asimismo profesor de canto en escuelas de canto y escuelas normales. Autor de numerosas obras, como la opereta "Capitán Bastogge" y el poema sinfónico "El paraíso perdido", también fue un importante pedagogo. Creó, entre muchos otros trabajos, el *Método de solfeo y lectura musical* (para la enseñanza en las escuelas públicas de la provincia de Buenos Aires); y dos versiones del "Himno Nacional Argentino" (para uso de las clases infantiles). Fue, además, el padre del prestigioso músico Héctor Panizza.

En 1885 escribió el *Nuevo abecedario musical*, expresamente para uso de los grados infantiles en las escuelas comunes. Este libro fue aceptado e incorporado para su uso en segundo y tercer grado.

Método de solfeo, por F. G. Guidi, y Carteles y método de solfeo, por Gabriel Díez

Dichos libros fueron incorporados para los grados superiores. Sobre este último, la comisión dijo que lo encontraba como "una buena preparación para en caso de adoptarse en las escuelas normales el gran método de solfeo de don Hilarión Eslava".

Mencionemos que la comisión evaluadora estaba dirigida por Bernardo Troncoso y secundada por Aquilino Fernández (profesor de dibujo) y el propio Guidi. Troncoso era español, radicado en Buenos Aires desde 1870, y se desempeñaba como pintor y retratista. Fue el encargado de abrir espacio para la pintura española en el mercado porteño, por entonces acaparado por los pintores franceses e italianos. Como docente, fue profesor de pintura en la Escuela Normal de Maestros desde su fundación, profesor del Colegio Normal, y profesor de música en el Instituto Mercantil de la Provincia. Asimismo, supo deleitar con sus dotes de guitarrista, las reuniones de los salones de la alta burguesía porteña.

Vemos entonces que a los niños se les enseñaba un programa musical de corte académico y formal, de características cerradas y sin contemplar ninguno de los elementos de la cultura que los propios estudiantes traían de sus casas (aunque luego veremos que no era tan estricto, principalmente cuando se comenzaron a organizar los actos escolares en forma sistemática). Hacia 1897, el programa ya exigía desde primer grado el manejo de la escala musical (escala de do) y su representación (el pentagrama y el uso de la clave de sol). También se realizaban ejercicios simples de solfeo y canciones con melodías sencillas, en modo mayor (do) y su relativa menor (la). Desde el punto de vista teórico, se daban nociones de acústica, fisiología y solfeo.[23]

Dentro del repertorio, el Himno Nacional aparecía como de aprendizaje obligatorio al unísono, pero para ser utilizado únicamente en los actos patrios y cierre del año.

---

[23] Uno de los métodos que gozó de su momento de fama en Argentina fue el método sol-fa tónico. De origen inglés, había sido creado por miss Glover hacia 1812, y se consolidó hacia 1840 en todo el sistema educativo de Inglaterra gracias a la intervención del reverendo Juan Curwen, quien tras leer el libro de Glover, consagró su vida al nuevo método, modificándolo y simplificándolo de manera que pudiera llegar a ser un instrumento de educación masivo. Así, hacia 1893, las estadísticas mostraban que tres millones y medio de niños ingleses aprendían a cantar según ese método. En Estados Unidos también comenzará a aplicarse hacia 1880, siendo la génesis del llamado "cifrado americano", que actualmente se utiliza en muchos países de Occidente para el rápido aprendizaje informal de canciones.

La música en los actos escolares (1884-1912)

"Bebé-Polka", una de las danzas creadas especialmente para la enseñanza escolar. (Fuente: Revista Pulgarcito, Biblioteca Nacional. Gentileza de Guada Aballe).

Vamos a presentar ahora algunos ejemplos de la música aplicada en las escuelas. La mejor muestra al respecto son los actos escolares, realizados especialmente alrededor de las celebraciones patrias y en el cierre del año lectivo. Las fiestas y actos escolares tenían varios fines: la inauguración de escuelas, la recepción a ilustres visitantes del extranjero, y la consolidación de los símbolos patrios. Sin embargo, su principal función era la de "poner de manifiesto en un acto público los adelantos de la educación y las buenas prácticas en materia de métodos de enseñanza"[24].

1884

Cierre del año. Distribución de certificados. Acto en el 5° distrito escolar de la Capital

Se realizaron varias recitaciones y piezas de música ejecutadas en el piano por alumnos de las escuelas del distrito.

Llamó la atención un canto titulado "El Herrero", interpretado por los alumnos de 4to, 5to y 6to grado de la Escuela Graduada de Varones, acompañados por el choque de dos martillos sobre un yunque.

1887

Cierre del año. Escuela Graduada de Varones del 1er distrito escolar de la Capital

Dentro de un programa muy extenso, la parte musical incluía:

> cantos escolares y ejercicios de gimnasia por los alumnos de la escuela; algunas piezas escogidas de piano y violín, ejecutadas, las del violín, por una niña de 11 años, verdadera notabilidad, hija del profesor de Dibujo de la misma escuela, D. Aquilino Fernández, y las de piano y otros violines, por distinguidos profesores que se prestaron galantemente al objeto.[25]

A eso le siguieron lecciones a los alumnos sobre diferentes ramos de enseñanza, dadas en presencia del público, por el director y varios maestros.

---

[24] "Noticias, la fiesta escolar (Patronato de la Infancia)" (1892), en *El Monitor de la Educación Común*, Consejo Nacional de Educación, Buenos Aires.
[25] Revista *El Monitor de la Educación Común* (1884-1912), Consejo Nacional de Educación, Buenos Aires. Disponible en http://goo.gl/TojW77

1892

Acto patrio escolar en el Patronato de la Infancia, ciudad de La Plata

Como se puede apreciar, el Himno Nacional tenía un lugar obligado, de carácter casi religioso dentro de los actos escolares, como podemos leer en la reseña de un acto ocurrido en La Plata en 1892:

> A las 2 p.m. llegaba el señor Gobernador de la Provincia, acompañado de su esposa, y la banda de música de la Escuela de Artes y Oficios que se hallaba formada frente al edificio, lo mismo que todos los alumnos de ese establecimiento, ejecutó el Himno Nacional, que fue escuchado con religioso respeto.

Veamos cómo se disponía todo:

> A la entrada del edificio, sobre gradas, habíanse instalado los alumnos y alumnas del colegio graduado, destacándose de entre estas últimas Sarita Gascón y la niña de Rivademar, sustentando banderas patrias.
>
> Y enfrente de este grupo hermoso hallábase colocada una buena orquesta, bajo la dirección del profesor Serpentini.
>
> El salón donde debía celebrarse el acto de la inauguración, espacioso, había sido adornado con trofeos de banderas argentinas; en sus paredes se destacaban los retratos de nuestros grandes fomentadores y propagadores de la educación, y en un extremo habíase levantado una tribuna adornada de flores y dos grandes bustos en yeso del ilustre educacionista don Domingo F. Sarmiento...

Luego los niños y niñas de la escuela cantaron, acompañados por la orquesta, el Himno Nacional, seguidos por una serie de discursos (en este caso, cinco).

1897

Acto de fin de año en la Escuela Superior de Niñas del 6° distrito de la Capital

En 1897 Carlos Gardés[26] (luego conocido profesionalmente como "Carlos Gardel", el más famoso exponente del tango cantado) ingresó formalmente al sistema educativo con seis años de edad. Para entonces, el programa de primer grado había incorporado Historia, Instrucción Cívica y Francés, y llegaba así a un total de quince materias, lo que lo igualaba con el resto de los grados.

Ese año, su escuela finalizó el ciclo lectivo con una obra de teatro interpretada por las niñas de 6to grado (en aquellos años, la escuela primaria finalizaba en sexto grado). La obra, titulada "En clase", tenía letra y música del profesor Juan Gracioso Panizza, quien ese mismo año estrenaría profesionalmente una ópera y una opereta, tituladas "Clara y Cecilia", respectivamente.

"En clase" era una opereta de un acto en la que el escenario simulaba una escuela consistente en una sola clase a cargo de la directora. La obra trataba sobre las dificultades disciplinarias que, ante la inesperada ausencia de la directora, tenía una celadora con el grado en cuestión. Hacia el final, la celadora volvía a clase disfrazada de

---

[26] El apellido de origen provenía de Francia y se escribía "Gardes", pero fue castellanizado al llegar a la Argentina como Gardés, Garderes, e inclusive Gardez. Sabiendo que puede despertar alguna confusión en el lector, hemos decidido, no obstante, respetar la forma en que en los diversos documentos aparecía el apellido, pues creemos que es una forma de exponer a las claras el proceso de "criollización" que la familia Gardes transitó a lo largo de su vida en Buenos Aires.

inspectora y las niñas respondían, para su sorpresa, satisfactoriamente. La obra contaba con dos canciones a coro: "Angel de la caridad" y "funiculí funiculá".[27]

La trama llegaba a buen puerto cuando la directora de la escuela volvía a clase y las niñas, pese a sus travesuras, podían contestar bien las preguntas del programa. Hacia el final, se recitaba una conclusión moral:

El más seguro bien, que hay en la tierra,
en el amor a la verdad, se encierra.

La reseña de *El Monitor de la Educación* describe un poco más la banda sonora:

> La música es descriptiva. En el piano no se puede apreciar los efectos instrumentales, pero la esencia melódica de la introducción es sumamente bella. Un coro interno nos transporta a una aldea, cuyos habitantes están entregados al canto. La comedia toma, pues, la forma de una opereta, desde que la parte representativa adquiere el carácter propio de un curso de estudios.[28]

---

[27] "Funiculí, funiculá" es una canción napolitana compuesta en 1880 por Luigi Denza con letra del periodista Peppino Turco. Conmemora la apertura del primer funicular del Monte Vesubio. Eduardo Oxenford, un cantautor inglés y traductor de libretos, publicó una versión que se popularizó en países de habla inglesa. Seis años más tarde, el compositor alemán Richard Strauss escuchó la canción y la incorporó a su sinfonía "Aus Italien". Denza presentó una demanda contra él, ganó el pleito y, a partir de entonces, cobró un canon cada vez que el "Aus Italien" se ejecutaba en público. No sabemos si la versión que se cantaba en Buenos Aires era en italiano o en español:
Vamos desde abajo hasta la montaña, Carolinita, ¡no hay paso!
Puedes ver Francia, Prócida y España.
Te veo a ti.
Subes halado por un cable al cielo
en un segundo.
Nos elevaremos como torbellino de una. ¡Él sabe cómo hacerlo!
¡Vamos, vamos, vamos a la cima! ¡Vamos, vamos, vamos a la cima!
¡Funiculir, funicular, funiculir, funicular! Vamos a la cima ¡funiculir, funicular!..

[28] La tradición de cerrar el año con una obra de teatro musical fue mantenida por la directora de la escuela, Juana Casinelli, como se puede apreciar en el evento organizado el 29 de noviembre de 1902. En esa oportunidad, la obra presentada también fue creación de Panizza.

Escuela elemental del 10° distrito, dirigida por la Srta. Adriana Zala

En otro acto escolar de 1897, una escuela incorporó el grafófono a su presentación. El grafófono consistía en una pequeña caja de madera en la que se encuentra un resorte motor que suministra la fuerza motriz necesaria para dar movimiento al disco registrador y repetidor de los sonidos, y en que estos, construidos en ebonita vinieron a reemplazar a los cilindros de cera.

> Además del programa, que comprendía el Himno Nacional, los cantos y piezas patrióticas, ejercicios gimnásticos y desfile de los alumnos al son de clarines y tambores, apareció la linterna mágica grafófono, para reproducir cuadros históricos de la vida nacional y retratos de los próceres de la independencia, que el auditorio, después de las referencias oportunas, recibía con aplausos.

1900

Fiestas patrias

El cambio de siglo trajo una gran cantidad de actos escolares en simultáneo. Es interesante ver los programas, para analizar un poco más sobre los aspectos simbólicos y las formas musicales que se utilizaban para ellos:

1. Tercer distrito. Catedral al Sud. Escuela Elemental dirigida por la señorita Josefina Aragonés Castellanos

Dentro de un extensísimo programa, vemos una serie de canciones intercaladas:

> En 1903, la escuela organizó un acto en donde "se cantaron los himnos chileno y argentino por 600 voces, se hicieron composiciones patrióticas, se recitaron poesías y ejecutaron ejercicios gimnásticos y una hermosa alegoría 'La Paz' expresamente compuesta para la escuela y hábilmente interpretada por sus alumnos, lo que les valió muchos aplausos". Esto fue parte de una serie de actos orientados a un acuerdo de límites entre Argentina y Chile.

- "Himno Nacional Argentino"
- "Salve a la virgen" (canto), alumnos del 3er y 4to grado
- "A mi patria" (canto) poesía, por la niña Elsa Pirovano
- Juego gimnástico (arreglado expresamente) con canto, alumnos de 1ro D, dirigidos por la maestra señorita Petrona Magalhaes
- "La flora argentina" (comedia con canto), arreglado expresamente para la fiesta.
- "Plegaria a Dios" (canto en italiano), por la niña María Gaya
- "La tarantela" (baile con panderetas y cintas) por los alumnos de 2do grado B
- "Tango andaluz" (canto y recitación) por los niños de Otamendi y Gaya
- "Danza" (alegoría a la patria), ejecutada por alumnas de 3ro B
- "Himno, amor de patria" (canto en italiano) por Gaya
- "Himno Nacional Argentino" (clausura del acto)

2. Séptimo distrito. Escuela Superior de Niñas

"Himno Nacional Argentino", por toda la escuela.

- "Fibra patria" (declamación con piano) por R. Saissi, 2do A
- "Himno al pabellón argentino" (declamación) por C. Vidaurre
- Himno "Cantemos" (canto) por los grados 4to, 5to y 6to.

Segunda parte:

- "Patria independiente" (canto) por alumnas de 4to, 5to y 6to

- "Salutación suramericana" (comedia) con los himnos de todas las naciones de América del Sud (cantados por las alumnas) por el grado 5to
- "Lucrecia" (violín y piano) por las profesoras de la escuela Aurelia M Volpatti y Elisa A. Sommariva
- "Blanco y celeste" (vals cantado) por los grados 3ro, 4to, 5to y 6to
- "Amor a ti chiedo" (canto) por la profesora de la escuela, señora Isabel de Escalante

3. Distrito octavo, todas las escuelas

- Se entonó por primera vez un "Himno a Sarmiento", con letra de B. V. Charras y música de Z. Rolón. Fue interpretado por las alumnas de 3ro a 6to grado. Sería el primer homenaje infantil al educador sanjuanino. Este himno se interpretaría durante unos años, hasta terminar siendo desplazado por el compuesto por Leopoldo Corretjer en 1904.

4. Distrito doce, San Cristóbal. Escuela dirigida por la señorita Angela Viale

- "Lack", vals árabe, piano, María Espinosa, alumna del 4to grado
- "El bebé", zarzuelita, por alumnas de los grados 1ro y 2do
- "El picaflor", coro, grado 3ro B
- "La pavana", baile, grado 1ro

Segunda parte:

- "Skating", baile, alumnas de 1er grado
- "La salve", coro, grados 3ro y 4to
- Chopín, "Fantasía improntu", piano, señorita Julia Garaventa

- "A Gaos", habanera para violín y piano, señoritas Emma y Elvira Rossello

5. Distrito doce. Escuela dirigida por la señorita Carmen García

- "Charcone", piano por la alumna M. Franceschi
- "El bardo", canto por el 3er y 4to grado
- "Marcha húngara" de Liszt, por la señorita R. Borghi
- "Moraima", para violín, mandolín y piano, por las Srtas. S. Aubone, D. Engels y F. Aubone
- "Paso de carga", pieza a cuatro manos, por las Srtas. G. Engels y S. Aubone
- "El gato", zarzuela por las niñas G. y A. Engels.

En este acto vemos algunos elementos nuevos muy interesantes, como son las canciones de carácter religioso a pesar de la ley que estipulaba el laicismo escolar, así como también la presencia de música folklórica europea (italiana y española principalmente). Los actos escolares buscaban un espacio de afirmación de la identidad nacional, pero al mismo tiempo, afianzar los lazos con los inmigrantes europeos, sobre todo de España (en 1906, se celebrará una de las primeras conmemoraciones masivas del 12 de Octubre, ponderado como "Descubrimiento de América"). Es por ello que en estos años abundan los poemas, canciones y obras de teatro donde aparece representada la relación madre-hija, como clara alegoría de la relación Argentina-España.

6. Distrito doce. Escuela dirigida por el señor José Toscano

En esta institución se hace evidente la presencia de un profesor de música con formación académica:

- "Himno Nacional" cantado a dos voces por los alumnos de los grados 3ro y 4to
- Solfeo a tres voces, por los mismos alumnos
- "Los soldados de mañana", canto por los mismos alumnos
- Nota: la niñita P. de Pasquo tocará algunas piezas al piano

Segunda parte:

- "Los defensores de la patria", canto a dos voces por los mismos alumnos
- "Himno Nacional", recitado y explicado por los alumnos de 3ro A
- "Las glorias de la patria", canto a dos voces
- "La caridad es Dios", recitado por la profesora Srta. L. M. Labat, acompañada por la niñita Petrona di Pasquo
- "Himno Nacional".

7. Distrito trece. Todas las escuelas

- El acto se celebró con una orquesta de veinte profesores bajo la dirección del señor José M. Roldán. Se interpretaron la "3ra Sinfonía" de J. Pelazza, la "Rapsodia húngara" para violín y piano, "Arrepentimiento y perdón" (zarzuela infantil), "El deber" (coro de niños), "La cinquantaine" (Gabriel Marie) y "Dors mon enfant" (A Loret) para violoncello con acompañamiento de orquesta.

1902

Setiembre. Fiestas del árbol. Distrito 12 de la Capital

Bajo la dirección del profesor don Ángel Genari se cantó por sesenta alumnos de cada escuela, simultáneamente, un himno al árbol expresamente preparado para ese consejo, correspondiendo la música al señor don Crisanto del Cioppo, y la letra al señor don Eugenio del Cioppo.

En 1904, dicha celebración se continuaba realizando, y el himno también.

Niños del distrito 13 cantando el Himno Nacional Argentino durante la celebración del Día del Árbol, 1904. (Fuente: Archivo General de la Nación).

1912

En 1912 se celebró el centenario de la creación del "Himno Nacional Argentino". Numerosos actos se celebraron a lo largo de todo el país, pero el más imponente sería el presentado en la Capital. Allí se conmemoró con la presencia de cien niños por cada escuela, lo que dio un total de doce mil niños. En dicha ocasión estuvo presente el presidente de la nación, Dr. Sáenz Peña.

Se cantó el Himno, luego vino una arenga por parte el vocal del consejo, el doctor Ibarguren. Al culminar su discurso, se entonaron "Saludo a la bandera", "Himno a Sarmiento" y la marcha "Viva la Patria".

Estructura de los actos

Vamos a realizar una esquematización de los actos estudiados. Solían contar con dos partes, y a veces se entregaba una hoja impresa al público con máximas.

Su estructura formal tenía, en general, la siguiente disposición:

- "Himno Nacional Argentino"
- Discurso de la directora, autoridades
- Exhibiciones de los niños: poesías, cantos, exhibiciones gimnásticas, comedias breves, juegos infantiles
- Composiciones de los niños (variable)
- Clases prácticas (dirigidas por las maestras y/o directores y/o inspectores de distrito)
- Conferencias (maestras, directoras) (variable)
- "Himno Nacional Argentino"
- Clausura

Géneros musicales

Danzas

Las danzas que figuran son principalmente de origen europeo, y se destacan en primer lugar aquellas que provenían de España e Italia, lo que expresa el peso específico de dichas colectividades en la nueva configuración ciudadana. Así, tenemos la mazurca, la charcone, la pavana, la barcarola, el vals, la zarzuela, la habanera, la tarantela y el baile napolitano (sin especificar).

Como curiosidad, podemos mencionar la presencia del *skating* y *romandance* (el sistema *skating* no era específicamente una danza, sino un sistema de clasificación de competencias de baile de salón).

Canciones, marchas e himnos

- Música tradicional de España (sobre todo, zarzuelas y habaneras) e Italia (tarantela, baile napolitano), Francia y países árabes.
- Música académica europea (Clementi, Listz, Chopin, Grieg). Esta, de origen principalmente romántico y nacionalista. Abundan las operetas y comedias en un solo acto.
- Marchas militares.
- Himnos (nacional, a la bandera, a Sarmiento, a Rivadavia).
- Canciones patrias genéricas, en general compuestas y/o arregladas expresamente para los actos por docentes o autoridades escolares. La mayoría de las canciones patrias creadas en estos años no sobrevivieron al paso del tiempo. Uno de los creadores de canciones para escuela y arreglador de canciones para los niños fue Orestes Panizza. Muchas de ellas fueron

publicadas en cuadernillos, como aquel publicado en 1892, y que incluía las canciones "A la noche", "El canto del Cisne" y "Vals".

En 1894, leemos que ha salido publicado el libro de coros *Nuevo mes de María*: "son escritos por maestros españoles, de fácil ejecución por lo cual les recomiendan para escuelas y templos".

La consolidación de las canciones patrias

Uno de los himnos creados durante los años del Centenario de la Independencia. (Fuente: Revista *Pulgarcito*, Biblioteca Nacional. Gentileza de Guada Aballe).

Las canciones patrias tienen una relación muy cercana con dos instituciones fundantes de nuestro país: la militar y la escolar. Con la primera, porque prácticamente todas fueron creadas por militares, ya sea con el espíritu de homenajear a una personalidad, crear un himno del regimiento, para estrenar en un desfile, o para exaltar una fecha o emblema en particular. Con la escuela, por su parte, porque si bien contó con sus propios compositores, fue más bien el ámbito natural de enseñanza de dichas canciones, una caja de resonancia que permitió (y permite) preservar los elementos constitutivos de la identidad nacional. A través de la escuela, miles de niños aprenderían a lo largo del tiempo aquellos versos y melodías que ponderaban los valores, hechos y personas fundantes de la joven nación americana.

Muchos de los himnos y marchas compuestos en aquellos años sobrevivieron, como la "Marcha de San Lorenzo" (Cayetano Alberto Silva, 1901), "A mi bandera" (Juan Chassaing, Juan Imbroissi, estrenada en 1906), "Aurora" (1908, Héctor Panizza, Héctor Cipriano Quesada; inauguración del actual edificio del Teatro Colón), "Himno a Domingo Faustino Sarmiento" (Leopoldo Corretjer, 1904), y el "Himno al Libertador General San Martín" (Arturo Luzzatti, Segundo Manuel Argañaraz). Otras, como la mencionada "Viva la Patria" (Rafaelo Obligado, Leopoldo Corretjer), o el "Himno a Rivadavia", del propio Corretjer, tuvieron una breve primavera dentro del repertorio escolar.

Simbólicamente, podemos decir que fue en aquel evento de 1912 en el que se festejó el Centenario de la creación del "Himno Nacional", donde se estableció cuál sería el repertorio oficial de canciones patrias a ser interpretadas en los actos escolares. Durante el primer gobierno de Juan Domingo Perón, se incorporaron algunas canciones al repertorio –que de todos modos, habían sido compuestas hacia fines del siglo XIX o principios del XX, como "Aurora" o "Marcha de San Lorenzo"– y, a partir de entonces, el repertorio patrio ha permanecido casi inamovible.

Los comienzos de la escuela pública: casos particulares, denuncias, leyes

Por Guada Aballe

Todo lo presentado hasta aquí necesita una contextualización. La creación de los programas de estudio, la organización de los actos escolares y la consolidación canónica de las canciones patrias no sucedieron de un día para el otro, sino que fueron parte de un proceso que duró décadas, y que no estuvo exento de marchas y contramarchas. Guada Aballe realizó una serie de artículos vinculados a esas tensiones.

Los casos particulares, el rol de los padres, el peso de la burocracia en el quehacer cotidiano, y la inequidad en la relación laboral entre hombres y mujeres dentro del ámbito educativo (los hombres a cargo de todos los roles de decisión, y las mujeres al frente de los grados y escuelas) aparecen retratados aquí con crudeza, lo que nos permite tener una visión más amplia del complejo universo que se estaba conformando en la naciente institución educativa.

La astucia de Carlos Fangeaux[29]

El año 1900 empezó mal para el Sr. Carlos Fangeaux, director del Colegio de Artes y Oficios de Callao 1318. Unos vecinos se quejaron en la Comisaría 15ª "por ciertos toques de corneta y ejercicios que hacían los alumnos", y esta lo puso en conocimiento a través de una nota al jefe de Policía Beazley fechada el 17 de enero. Este, a su vez, la elevó al Consejo Nacional de Educación.

Se abrió expediente.

El 5 de febrero, el presidente del Consejo indicó que el "instituto no está bajo la dependencia del Consejo Nacional pero como este le ha concedido un maestro elemental", no dudaba que el director atendería el pedido, y debía darse vista del expediente a Fangeaux pidiéndole "suspenda o modere sus ejercicios militares".

El tema no terminaría allí. Al parecer los toques de cornetas continuaron y por consiguiente las quejas de algunos vecinos, que volvieron a la comisaría.

El 21 de febrero enviaron desde la comisaría una segunda nota dirigida a Beazley, donde se expresaba que los vecinos estaban molestos porque el director Fangeaux, a primeras horas del día, "hacía sonar cornetas, tocando marchas militares, etc., para que los alumnos verificaran ejercicios". Quien redactaba la carta aducía haber hablado con el director, pero que este hizo "caso omiso de la observación". En esa nota se indicaba también que el teniente de navío Lauro Lagos y el Dr. Alberto Costa "se presentaron anoche" para quejarse de que continuaban "los toques de clarín y marchas", y de que, como había enfermos, fueron a la casa de Fangeaux para que hiciera cesar la música, y el director les había dicho que

---

[29] La fuente de la historia puede consultarse en el expediente que obra en el Archivo Intermedio del Archivo General de la Nación, Paseo Colón 1093. También puede leerse en http://goo.gl/2SJVVd.

no podía acceder a lo solicitado porque tenía que desquitarse de una nota que esta Comisaría había pasado al Ministerio de Instrucción Pública por intermedio de la Jefatura, en la cual pedíase se hicieran cesar los ejercicios que se efectuaban en el Colejio (sic) y que en venganza en adelante haría tocar una banda lisa compuesta de veinte alumnos.

Beazley recibió esta segunda nota y la elevó al presidente del Consejo Nacional de Educación, José María Gutiérrez, el 23 de febrero.

Por segunda vez, el Consejo recibía una nota sobre el mismo asunto. El 13 de marzo Fangeaux envió una nota al presidente del Consejo diciendo que se procedió con mala fe porque "en la escuela no se realizan ejercicios militares ni cosa que se le parezca", la corneta en cuestión se empleaba en los talleres a la hora de comenzar y terminar el trabajo.

Adjuntaba como descargo una nota de vecinos, la cual decía:

Los abajo firmados, vecinos del Instituto de Artes y Oficios, situado en la calle Callao 1348, certificamos que en dicho Instituto reinan el orden y tranquilidad más completos y que, por consiguiente, su estadía en el vecindario no es de ningún disturbio, y hasta podemos decir que el toque de una corneta en varios períodos del día, proporciona al vecindario una alegría de que estamos agradecidos, por lo cual hemos firmado el presente documento.

¿Dónde estaban las quejas entonces? Se contestó a la Policía y se archivó el expediente.
¿Había expresado Fangeaux alguna vez que iba a desquitarse de las quejas y en venganza, formar una banda con los alumnos? Es posible, pero también tuvo la habilidad y el ingenio suficientes para conseguir el apoyo escrito de vecinos y terminar con la historia.

Una denuncia

Las denuncias de los medios no son cosas de hoy en día. El 3 de septiembre de 1904 el diario *La Argentina* publicó una incómoda historia sobre la Escuela Elemental N° 2 del distrito Escolar 15.

Esta escuela había sido denunciada ante el Consejo General de Educación porque la directora no habría permitido que los chicos de primer grado salieran al recreo y las consecuencias de esa medida no se hicieron esperar. Al no poder ir los niños al baño, el aula quedó convertida en un w. c.

Siempre según este diario.[30]

Catalina Argofolio[31]

Catalina Argofolio. (Fuente: gentileza de Guada Aballe).

---

[30] Aballe, Guada (2008), *Niños del ayer*, Ed Corregidor, Buenos Aires, p. 110.
[31] Los hechos fueron reconstruidos para el presente trabajo según expediente perteneciente al año 1897 del Consejo Nacional de Educación y que obra en el Archivo Intermedio del Archivo General de la Nación, Paseo Colón 1093.

Catalina Argofolio[32] se recibió de Maestra Normal en la Escuela Normal de Profesoras de la Capital en el año 1886. Tras desempeñar varios cargos,[33] en 1897 la encontramos como directora de la Escuela Elemental N° 16 del 12° distrito.[34] Al poco tiempo le fueron concedidos útiles escolares para el establecimiento, y como el secretario del Consejo Escolar del 12° distrito,[35] Francisco Sánchez de Guzmán, no podía recibirlos por estar ocupado en el censo, le entregó a Catalina una autorización para recibirlos personalmente. Para ello debía dirigirse al depósito del Consejo Nacional de Educación.

La escuela aún no contaba con portero, por lo tanto la directora pensó que la Sra. Magliotto, quien prestaba servicios en otra escuela, la acompañara a retirar dichos útiles. Para tal menester se vio obligada a pedirle permiso al presidente del Consejo, Gabriel Carrasco, para que Ana Magliotto la acompañara y también se quedara para organizar la escuela; ambos pedidos fueron concedidos verbalmente por el presidente a Catalina Argofolio. También pidió portero para que custodie los útiles que iban a tener. Nadie podía imaginar que hechos tan simples iban a desagradar al secretario Sánchez de Guzmán en forma tal que iban a desencadenarse una serie de conflictos.

Sánchez de Guzmán le dijo a Argofolio que, habiendo dado el presidente una autorización verbal, esta no era válida y por lo tanto no permitiría que Magliotto fuera a la escuela. Además, le manifestó a Catalina[36] que era

---

[32] Nació en Uruguay hacia 1870. Tenía un hermano, Andrés, también oriental, un año mayor, de profesión mueblero (sic) (véase https://goo.gl/3moAJT).
[33] Subpreceptora en junio de 1887, preceptora infantil en junio 1888, preceptora elemental en marzo de 1889 (*Ideas y Figuras* [20 de mayo de 1914], n° 110, año VI).
[34] En aquellos días el 12° distrito se hallaba en la zona de San Cristóbal.
[35] El Consejo Escolar del 12° distrito estaba en Entre Ríos 1317.
[36] Según testimonio de Catalina.

suficiente que estuviera ella, la directora, ganando sueldo sin trabajar; que a él le debía el empleo y solo eran agradecidos de palabra mientras que con la mano derecha le hizo gestos como quien quiere pedir pesos. Catalina no se quedó callada y le respondió que el empleo no se lo debía a él sino al Consejo y sus propios méritos. Si ganaba el sueldo sin trabajar, eso a él no le importaba y la tramitación del expediente para nombramiento de empleados, concesión de útiles y creación del puesto de portero lo tuvo que hacer ella por cuanto él no se ocupaba. Hizo lo que tuvo que hacer él y su sueldo estaba bien ganado.

Este fue el comienzo de las hostilidades.

Existía en la escuela que dirigía Catalina un niño que no hacía honor a su nombre, puesto que se llamaba Ángel González y tenía una pésima conducta. Preocupada su docente por la mala conducta del niño, informó a la directora. El 24 de septiembre de 1897 el niño fue enviado a su casa acompañado de su hermana, alumna de la escuela, con el encargo de que se presentase al día siguiente con la madre para enterarla de la conducta poco correcta de Ángel en clase. Pero la madre no se presentó y creyó más conveniente retirar la matrícula y el certificado médico del nene por medio de una vecina. La directora entregó los documentos y dio por terminado el asunto.

En realidad, todo empezaba.

La madre presentó quejas al Consejo Escolar y Catalina recibió un memorándum, que llevaba el número 534, donde se le ordenaba informase sobre los motivos que había tenido para rechazar de la escuela al alumno Ángel González. Catalina respondió por cortesía aunque, según ella, el memo "no venía en forma" porque solo tenía la firma del secretario del Consejo. Otro memo le siguió a ese, el número 544[37] (que para los ojos de Catalina tampoco vino en forma por tener solo la firma del secretario), el cual decía que la madre había presentado queja al Consejo y "el informe que se sirvió Ud. mandar al respecto, esta Superioridad ha resuelto se manifieste a Ud. que debe recibir al niño Ángel González si se presenta a la escuela esperando que no haya lugar a una nueva queja". Catalina consideró que ese memo estaba en términos fuertes e injustos y del cual se desprendía que se dudaba de la palabra de la directora, razón por lo que creyó que no era del Consejo.

Enterada la madre del contenido de este último memo que envió el secretario, se presentó en la escuela y con gritos destemplados exigió que reingresara su niño. Los gritos de la madre eran tales que pudieron ser escuchados por una docente que estaba con sus alumnas en el salón alto del establecimiento. La maestra pensó que venían de una casa vecina.

Catalina se mantuvo firme sin dejarse amedrentar ni por los memos del secretario ni por las amenazas de la madre; es más, en el reverso de la matrícula que había pertenecido a Ángel escribió "no se admite por falta de asiento". Era cierto, la vacante que había ocupado Ángel González se le otorgó al niño Pedro Díaz San Martín.

A consecuencia de eso la madre de González fue a quejarse al Consejo nuevamente, el cual sin más datos le envió a Catalina una nota de apercibimiento con fecha 14 de octubre de 1897. Este apercibimiento se fundó en que Catalina no había respetado los artículos 83, inciso 3, 65 y 171 del Reglamento General de Escuelas. Apercibimiento que desde el primer día Catalina conceptuó inmerecido por no haber actuado en desacuerdo con los mencionados artículos; en relación con el 171, por no haber expulsado

---

[37] 7 de octubre de 1897.

al niño, era la madre quien lo había sacado de la escuela en primer lugar; con respecto al artículo 85 inciso 3, no consideraba haber desacatado al Consejo, y el 65 se refería a los deberes especiales de los maestros para con el directores, por lo tanto no era aplicable a ella: al no haber recibido comunicación oficial no pudo haber incurrido en desacato. Catalina elevó nota dos días después y pidió se levante el apercibimiento. Hizo hincapié en que no había recibido nota alguna del Honorable Consejo, tan solo los memos con la sola firma del secretario, por lo tanto no le dio el carácter de una nota en forma, hizo caso omiso por considerar que el secretario era un empleado que no tenía ni autoridad ni facultad para inmiscuirse en asuntos relativos a las escuelas. Si hubiera habido desobediencia, sería al secretario y no al Consejo. El secretario no era superior jerárquico de los directores -decía Catalina-, ni aun del más simple ayudante de las escuelas públicas.

Agreguemos a lo expuesto que la directora fue sancionada con ese apercibimiento sin habérsele pedido un descargo previo; como ella diría en una futura nota, a nadie se castiga sin oírle primero.

Entre las notas que elevó Catalina al Consejo Escolar hubo una que levantó polvareda, nota que Carrasco habría clasificado de falta más grave que la anterior por un párrafo que hacía alusiones contra el decoro de los señores miembros del Consejo, excepto del presidente. El día que se trató dicha nota en el Consejo se presentó Carrasco en la escuela, acompañado por el consejal Poviña, a pedirle le explicara el significado del párrafo. Ella fue clara en decirles que ese párrafo se refería a las diferencias que existían entre ella y el secretario, relató todas las desavenencias que había tenido con Sánchez de Guzmán a consecuencia del hecho de los útiles y que, según Catalina, fue el detonante de todo. Carrasco y Poviña le dijeron que eso era insignificante y una tempestad en un vaso de agua, además Carrasco por sí solo no podía tomar decisión alguna, sino que necesitaba el consentimiento de todos. Al parecer Carrasco trató de impedir que Catalina hablara en términos injuriosos del secretario y hubo que suspender la charla, pero ella manifestó que eso no fue así y que lo que ocurrió fue lo siguiente: Poviña dijo que el secretario declaró en sesión que un hermano de Catalina había tratado a todos los miembros del Consejo de burros. Por supuesto Catalina manifestó que esa afirmación era falsa y criminal, se indignó y dijo que era una canallada del secretario. Tampoco sería cierto que se acordó devolver la nota poniendo otra en su lugar en la cual no constara aquel párrafo.

Pero a los pocos días fue Poviña a la escuela para comunicar que en sesión se había hablado del tema; el Consejo estaba bien impresionado de su persona y deseaba, si no tenía inconveniente, retirar esa nota por los términos fuertes cambiándola por otra más suave "porque los trapos sucios convenía lavarlos en casa". A esa petición accedió Catalina por respeto al Consejo, y como había quedado copia de esa nota en el libro copiador, Poviña la sacó con un cortaplumas del libro a fin de que en la escuela no constara el documento.

Se retiró dando seguridades de solución favorable.[38]

Pero esa solución favorable no llegó, y el apercibimiento fue confirmado.

Catalina no era mujer de quedarse con los brazos cruzados: decidió apelar. Envió nota el 7 de febrero de 1898 al presidente del Consejo Nacional de Educación, Dr. José María Gutiérrez.

---

[38] Los detalles de esta entrevista así como los de la visita de Carrasco son los que dio Catalina en su carta al Presidente del Consejo Nacional de Educación.

En la nota no dejó tema sin tocar. Comenzó explicando cómo el presidente del Consejo le había informado que el recurso que ella interpuso no se hallaba dentro de los términos establecidos por el Reglamento General de Escuelas. Catalina se justificó diciendo que la había presentado dentro de la prescripción reglamentaria y, como no fuera contestada esa nota del 16 de octubre, elevó otra con fecha 16 de noviembre, la nota seis, en la cual solicitaba se le comunique la resolución recaída sobre la primera nota, a lo que obtuvo contestación negativa. No creía que la prescripción reglamentaria regía para presentarse en queja ante el Honorable Consejo y por otro lado estando con exámenes, prefirió dejar pasar estos para iniciar el recurso que, con fecha 24 de diciembre, interpuso ante el Consejo Nacional de Educación. Aclarado el tema de la presentación de su apelación, se explayó acerca de las acusaciones que le hizo el Consejo: este organismo la acusaba de haber enviado un niño a su casa por mala conducta separándolo de la escuela, cuando en realidad había sido enviado a su casa con su hermana para que se presente al día siguiente con la madre a objeto de enterarla de la conducta, y la madre creyó conveniente retirar la matrícula por una vecina, junto con el certificado médico y, como se trataba de un chico con pésima conducta, le dio todos los documentos. Consideraba que al dictar el Consejo una resolución favorable a la madre del chico sin averiguar la veracidad de la información, esto era una ofensa y descortesía a su persona de la cual no culpaba ni a Carrasco ni al Consejo, sino al secretario (los memos estaban firmados solo por el secretario). Relató Catalina el escándalo hecho por la madre en la escuela en presencia de las niñas y maestras a las once menos cuarto de la mañana, y que la matrícula de González fue otorgada a otro chico de acuerdo con lo establecido en el artículo 123 del Reglamento. La madre volvió en queja al Consejo y el secretario, sin más trámites y sin siquiera solicitar a la escuela un informe de lo ocurrido, dio crédito a la acusación, y como consecuencia le enviaron la nota apercibimiento sin pedirle descargo, algo que no estaba bien "por cuanto a nadie se castiga sin oírle".

Proseguía Catalina en su nota al Dr. Gutiérrez que el Dr. Carrasco declaró en su información que fue acto de desobediencia no admitir al chico y que había sido un frívolo pretexto el no reconocer el memo del secretario porque no venía en forma. Catalina insistía que no hubo desobediencia porque el Consejo no comunicó resolución alguna, y ella recibió el memo aludido con la sola firma del secretario. De haber sido desobediente hubiera sido al secretario, pero dicho empleado no era superior jerárquico de los directores, por lo tanto estaba convencida que era un abuso de aquel y quiso hacer presente eso a Carrasco, el presidente del Consejo Escolar del distrito 12.

No se cansó de explicar al presidente del Consejo Nacional de Educación que ella no infringió los artículos del Reglamento según indicaba el famoso apercibimiento. Continuó acusando al secretario: según Catalina, este dio informes verbales sin leer sus notas y así cumplió su plan de venganza "como se lo manifestó a mi Señor Padre" y los señores miembros del Consejo se quedaron con esa información.

Relató con lujo de detalles las visitas de Carrasco y Poviña al establecimiento y la manera en que Poviña había quitado la nota del libro copiador con un cortaplumas. Negó que en dicha entrevista se hubiera dicho que el apercibimiento estaba bien impuesto, esto sucedió un mes después tras haber presentado nota ante el Consejo donde pedía se le informara qué se había resuelto sobre la apelación. No dejó de insistir que ella no había infringido los artículos en que se fundó el apercibimiento con fecha 14 de octubre de 1897, y que todo fue obra del secretario.

La investigación continuó. Catalina jamás cedió su posición. Al pedirle testigos, ella aportó a la Srta. Garitelis -maestra de Ángel González-, la Sra. Magliotto, el portero de la escuela y hasta a las mismas alumnas del grado en relación con lo que dijo la madre, y como testigos del hecho de que dijo al niño que fuera a la casa acompañado de su hermana y se presentara el día siguiente acompañado de la madre, citó a la docente Garitelis y niñas del grado. Otra vez insistió con el tema del secretario: que Sánchez de Guzmán no la trataba con consideración porque ella nunca se apersonó a él para pedir nada que tenga atingencia con la escuela y cuando tuvo necesidad lo hizo directamente con el presidente. Como ejemplo, citó el hecho de un portero que pidió al presidente y que le fue acordado; esto contrarió al secretario, quien, según la versión de Catalina, manifestó que se había pasado por encima de su autoridad. También reiteró lo ocurrido aquel famoso día en que tenía que ir al Consejo Nacional a retirar los útiles, ya que el secretario no tenía tiempo para hacerlo y Catalina obtuvo del presidente permiso para que Magliotto la acompañara hasta el depósito del Consejo Nacional. Al preguntarle si fueron a verla Poviña, Carrasco, Durao y Amadeo para intervenir amistosamente para levantar el apercibimiento, manifestó que era cierto en relación con Poviña, y relató el incidente de la nota que hizo desaparecer. A pesar de la promesa y sustitución de la nota, el apercibimiento no se le levantó, sino que fue confirmado, y apeló porque no creía merecerlo. Bajo esta declaración puede verse la firma de Jaime Fornells, otra firma más y la de la propia Catalina.

Los testigos fueron favorables a la directora. Feliciana Garitelis declaró que comunicó la mala conducta de González a la directora para que ella y la madre cooperaran en la enmienda del chico pero la madre lo retiró de la escuela (no era cierta la expulsión).

Ana Magliotto sabía que el chico fue mandado a la casa por la hermana con el encargo de que viniera con ella al día siguiente. Pasaron unos días y fue la madre pidiendo con frases descomedidas y groseras la incorporación del hijo, no sabía qué contestó la directora, pero sí el escándalo que la madre produjo con sus gritos y amenazas. Afirmó que era cierto que el secretario la quiso multar el día que acompañó a la directora al Consejo Nacional, so pretexto de que no le había pedido permiso a él para faltar a la escuela, pero al final no se le aplicó.

María Bo, docente, dijo no saber nada excepto que oyó los gritos de la madre del chico. En ese momento ella estaba con su grado en el salón alto de la escuela, y creyó que los gritos eran de la casa vecina.

El 30 de marzo de 1898 se elevó todo el expediente al inspector general, y el 5 de abril se expidió la Comisión Didáctica. En su dictamen, indicó que al no presentarse a declarar Catalina dentro del plazo reglamentario, debía archivarse el expediente;

> sin embargo, y teniendo en cuenta que el incidente no se habría producido empañando la hoja de servicio de una maestra llena de mérito, si el Secretario del C. E. del Distr. 12 hubiese observado la resolución del C. N., de no comunicarse directamente y con su sola firma con el personal docente, sino refrendando la del Presidente del C. E., sería conveniente recordar esa resolución al C. E., para que la observe estrictamente en lo sucesivo.[39]

---

[39] 10 de mayo de 1898.

José María Gutiérrez, presidente del Consejo Nacional de Educación, adoptó como resolución el dictamen de la Comisión Didáctica.[40]

Muy claro todo. Los memos con la sola firma del secretario habían sido un problema, tal como señaló Catalina desde un primer momento. De alguna manera, le estaban dando la razón a ella.

Gabriel Carrasco, presidente del Consejo Escolar del 12° distrito, intentó continuar el tema y pidió a Gutiérrez le informara dónde existían esas resoluciones, ya que no las había podido encontrar en los reglamentos impresos, como no siempre estaba en el despacho y ocurrían necesidades para comunicar, ordenaba al secretario lo haga, práctica que tenía entendido, "ha existido siempre en todos los distritos escolares".[41]

El 3 de junio de 1898, la Comisión Didáctica pidió se informe nuevamente a Carrasco la resolución del Consejo Nacional de que las comunicaciones entre el Consejo Escolar y el personal docente deben llevar las firmas del presidente y el secretario, no solo del secretario, lo cual a menudo sucede y genera conflictos e incidentes como el del actual expediente.

Con fecha 7 de junio se le dirigió nota al distrito 12 con lo informado por la Comisión Didáctica y orden de archivo, dando por finalizada toda la cuestión.

Catalina Argofolio había ganado.

Catalina continuó su carrera[42] y no debe llamarnos la atención que no haya tenido perfil bajo. Cuando una bomba anarquista mató en mayo de 1909 al niño Esteban Garaycoechea, alumno de la Escuela Presidente Roca, en

---

[40] 12 de mayo de 1898.
[41] 15 de mayo de 1898.
[42] En 1907 era directora de Escuela Superior (*Ideas y Figuras* [20 de mayo de 1914], n° 110, año VI).

la escuela dirigida por Catalina se dieron clases en todos los grados sobre lo ocurrido para que los niños tomaran conciencia y rechazaran ese tipo de actos. La encontramos en 1914 como una de las docentes firmantes[43] en una nota dirigida al ministro, para que por su intermedio se la presente al vicepresidente en ejercicio del Poder Ejecutivo, para que intervenga al Consejo Nacional de Educación, con el objeto de evitar una larga serie de irregularidades cometidas por aquel alto cuerpo.

En el año 1929 *Caras y Caretas*[44] publicó su retrato entre las beneméritas de la educación junto a otras educadoras.

Escuelas denunciadas

En esta ocasión, nos ocuparemos del informe presentado al Consejo Nacional de Educación por el inspector técnico Juan De Vedia.[45] El secretario de dicho Consejo, Salvador Diez Mori, le había hecho llegar un suelto de *El Diario* donde este medio denunciaba supuestos abusos cometidos por educadores en distintos distritos escolares. En concreto, le pedían a De Vedia que procediera al esclarecimiento de la verdad.

---

[43] Los firmantes representaban a una asamblea de más de mil quinientos maestros que se habían reunido el 28 de marzo de 1914 (*Ideas y Figuras* [20 de mayo de 1914], nº 110, año VI).
[44] 6 de julio de 1929. Número especial dedicado a la mujer argentina.
[45] Ocurrió a comienzos de noviembre de 1892. Publicado en *El Monitor de la Educación Común, Denuncias de la Prensa* (véase http://goo.gl/6WQdrV).

"La librería del Colegio", una de las librerías más importantes de la época en cuanto a material escolar se refiere. (Fuente: gentileza de Guada Aballe).

Unos padres de familia habían ido a la redacción de *El Diario* para quejarse de "los procederes de varios maestros de escuelas" a quienes acusaban de "hacer negocitos impropios". Manifestaban que obligaban a comprar los útiles en determinadas librerías, indicaban las marcas de los lápices que debían comprar, los cuadernos de determinado color y que solo se hallaban en tal librería, lo mismo con la pizarra y los libros. Sospechaban que los maestros tenían alguna relación estrecha con los libreros. Además, cuando llegaban los exámenes les obligaban a renovar todo el material de enseñanza.

De Vedia fechó su informe al presidente del Consejo, Benjamín Zorrilla, el 9 de noviembre de 1892 y en él dio cuenta de su pesquisa.

Aun cuando la denuncia se refería a muchos distritos, de las explicaciones verbales que De Vedia obtuvo en la redacción de *El Diario*, solo estarían involucradas algunas escuelas del 12º distrito.⁴⁶ Fue a ver al presidente del Consejo Escolar del 12º distrito Escolar para informarle de los hechos denunciados, y luego se dirigió hasta la Secretaría de dicho Consejo que funcionaba en un sector de la Escuela Superior de Varones. Allí De Vedia conversó con el conserje Francisco Carmona, "quien después de manifestarme que no deseaba aparecer para nada en el sumario", le hizo una revelación: Carmona tenía una hija en la Escuela Superior a quien se pidió que llevara un cuaderno y habiéndole dado el padre el cuaderno que el Consejo proveía a las escuelas, se lo rechazaron diciendo que tenía que llevar otro. Entonces el ordenanza fue hasta la escuela y habló con la directora. A la niña le aceptaron el cuaderno.

Llamó entonces De Vedia a los maestros de cuarto y quinto grado de la Escuela Superior de Varones -cuyos alumnos estaban en el recreo-, Catalina Argofolio y Francisco Saqués, pero eran ajenos al problema. El próximo paso fue hablar con el director, Melchor Otamendi. Primero, consultó acerca de la marcha de la escuela y los trabajos de los exámenes, supo que los útiles más costosos eran los solicitados por el profesor de Dibujo Aquilino Fernández: colección de mapas, dibujos de objetos y cuadernos de los que es autor dicho profesor, cajas de compases, reglas, lápices Faber y papel Canson.

De Vedia envió por cuatro alumnos de buena conducta de quinto grado: se presentaron Justo Muñoz, Eduardo Jara, Alejandro Cianquirota y Pedro Podestá.

El niño Muñoz dijo que por indicación del profesor había comprado en la librería que quedaba en la otra cuadra de la escuela cuatro dibujos de veinticinco centavos cada uno. Dibujos cuyo autor era el profesor y, para que los niños no los tuvieran que buscar lejos, se había entendido

---

⁴⁶ Escuelas Superiores de Niñas y Varones; Escuela Elemental Número 1.

con la librera o librero para que venda ese artículo. Los otros chicos dijeron cosas similares, el profesor había visto al librero y avisó a los alumnos que compraran allí.

A continuación, De Vedia se dirigió a la Escuela Superior de Niñas contigua a la anterior y procedió "con el mayor disimulo posible", según sus propias palabras. Visitó sexto grado, lo recibieron la preceptora que lo tenía a cargo junto con el grupo de alumnas, con gran entusiasmo. En el momento de la visita, las chicas resolvían un problema de aritmética publicado en *El Monitor de la Educación Común*, con libros en blanco cuyos costos oscilaban de cuarenta centavos a un peso. De Vedia pidió ver los trabajos que se preparaban para los exámenes y les mostraron los de toda la escuela, algunos de bastante valor, hechos con telas finas y sedas de colores y que serían más tarde objeto de un nuevo gasto porque había que enviarlos al tapicero. La directora le informó que no le presentaban las labores porque algunas estaban en la tapicería. De Vedia llegó a sospechar que ella misma era la intermediaria entre las niñas y el industrial, pero las chicas no decían nada de eso.

Continuó recorriendo clases y observando cuadernos para exámenes. En el primer grado de la señorita Galván, las niñas tenían cuadernos forrados con papel rosado y cintas del mismo color de treinta, cuarenta y cincuenta centavos cada una. La directora explicó que se había apercibido de ello cuando ya habían traído las cintas.

En otro primer grado, a cargo de la maestra Tabossi, De Vedia pidió los cuadernos y estos estaban forrados de rosado y como no tenían cintas, preguntó acerca de ellas. Tabossi explicó que ella tenía dos cintas que había comprado con el dinero que le habían dado.

Si bien en otra clase no habían pedido a los chicos que trajeran cintas, al pasar por cuarto grado (que estaba desocupado porque estaban en clase de canto) observó libros y cuadernos que estaban en los cajones de las mesas.

La calidad de útiles y textos no tenían nada extraordinario y tanto él como la directora vieron trece cuadernos pésimamente llevados. De Vedia hizo presente a la directora la necesidad de que los preceptores se diesen cuenta de los útiles que traían sus alumnas y las hiciesen responsables de su buen empleo y conservación. Antes de retirarse, se llevó la dirección de unas niñas de sexto grado con la idea de informarse con las familias. Fue a cuatro casas y por los padres supo que no hubo exigencias por parte de los maestros, aun reconociendo que los útiles de dibujo eran caros, no tenían queja alguna de los preceptores. El profesor de dibujo, Sr. Robert, les había indicado a las alumnas una casa de comercio en la que podían adquirir las pinturas a precio menor.

El 7 de noviembre se dirigió a la Escuela Elemental de Varones, cuyo director se apellidaba Codino. En la clase a cargo de Ignacia Dufour descubrió que se habían hecho gastos en cintas hasta de setenta y cinco centavos. Dufour dijo que la idea era de María Piñero, quien había pedido a sus alumnos trajeran cintas para sus cuadernos. Julia Ginastero también había solicitado a sus alumnos cintas o dinero para comprarlas, pero como solo un chico llevó cinco centavos, la maestra resolvió pagar las cintas de su propio bolsillo.

Como se puede apreciar, no es novedad que los padres recurran a la prensa para realizar sus denuncias y así hacer que se pierda, en más de una ocasión, el tiempo a autoridades educativas en pequeñeces.

Gardel alumno[47]

Por Guada Aballe

Escuela Graduada de Niñas. Aquí cursó Carlos su primer grado. (Fuente: Archivo General de la Nación).

Carlos Gardel fue un niño cuya infancia estuvo atravesada por una escolaridad con cambios, bastantes usuales para la época, pero además tuvo la perseverancia de terminar sexto grado, algo que no todos sus pares conseguían.

La obligación escolar estaba comprendida de los seis a catorce años de edad y la instrucción primaria se daba en seis grados escolares. Existían escuelas tanto particulares (privadas) como fiscales (públicas) y las clases se dictaban de lunes a sábado.

---

[47] Nota publicada originalmente en *Tango Reporter* (2015), n° 203, año XX, Los Ángeles, enero-febrero.

El niño Gardés ingresó al sistema educativo argentino en el año 1897, a los seis años de edad, como indicaba la obligatoriedad escolar. La escuela elegida por su madre fue la N° 1 del 6° distrito sita en Talcahuano 678 (hoy Escuela N° 8 D. E. 1, Talcahuano 680). Era entonces una Escuela Superior de Niñas; "superior" indicaba que allí se dictaban de primero a sexto grado inclusive, instrucción primaria completa. Se permitía la asistencia de alumnos varones menores de diez años. Allí Carlos cursó primer grado y su maestra se llamó Carmen Alegre. Habrá sido una experiencia enriquecedora para el pequeño Carlos debido a que ese año se dictaron en la escuela las "Conferencias Prácticas del 6° distrito Escolar" desde marzo a octubre, algunas de las cuales fueron destinadas a niños de primer grado.

Nuestro niño aprobó primer grado y junto con la promoción de grado vendría también un cambio de escuela.

Cursó su segundo grado durante 1899 en la Escuela Elemental de Varones N° 2 del 6° distrito, Libertad 455, cuyo director era Ángel Bustos. "Escuela elemental" quería decir que allí se dictaban solamente de primero a cuarto grado; por lo menos el niño Gardés iba a tener garantizada su instrucción primaria hasta cuarto grado.

Pero no pudo ser.

Pasó de grado pero no pudo continuar en la escuela, ni él ni tampoco sus compañeros de segundo. ¿La causa? En 1900 la escuela fue convertida de Escuela Elemental en Escuela Infantil, donde solo tendría primero y segundo grados. Tampoco había otra escuela fiscal para varones en su distrito.

En 1901 le recuperamos el rastro, quizás en la institución escolar que más se asocia a Carlos Gardel y en la que permaneció dos años: el Colegio Pío IX de Artes y Oficios, colegio salesiano. Durante esos dos años fue alumno pupilo, es decir, residía en el colegio.

En 1901 ingresó en esa prestigiosa institución donde se daba a los niños una educación más que completa, además de ofrecer una amplia gama de actividades que iban desde procesiones, paseos, excursiones, representaciones teatrales, conciertos de banda y orquesta, canto, deportes, concursos gimnásticos, etc. En la escuela se hacía mucho hincapié en mostrarse alegres, generosos y pulcros en el vestir. El modelo presentado a los niños era Domingo Savio (a quien un alumno del colegio llamado Ceferino Namuncurá estaba dispuesto a imitar). Tales fueron las semillas sembradas en el niño Carlos Gardés.

Carlos fue inscripto en segundo grado (no confundir con una repetición, no fue ese el caso) como alumno artesano. Pasó por diversos talleres, imprenta, encuadernación, herrería y zapatería. Allí pasó su año a excepción de unos días en julio de 1901, luego que falleciera en la escuela por escarlatina el niño Tomás Frangi y por razones de higiene los alumnos fueron enviados con sus familias. Para el 1 de agosto estaban casi todos de regreso. El 3 de noviembre de 1901 muchos chicos, entre los cuales se encontraba Carlos Gardés, recibieron el sacramento de la Confirmación.

En 1902 siguió en el Colegio pero ya no como artesano sino como estudiante, tanto él como su compañero Vicente Olavarría (un alumno brillante) fueron cambiados de sector. Junto con otros compañeros Gardel compartió el dormitorio María Auxiliadora con el beato Ceferino Namuncurá. Tanto él como Ceferino recibieron el premio Digno de Alabanza, mención que se daba a los mejores estudiantes.

Nada raro hay en los registros del colegio que indiquen alguna problemática especial con este niño Gardés, ni problemas de conducta, ni con su entorno familiar. Se solía dejar constancia de esas cuestiones.

*Escuela Nacional de Comercio de la Capital hacia 1904.
(Fuente: Archivo General de la Nación).*

Aprobó tercer grado en 1902 y dejó la institución salesiana. ¿Las razones? En 1903 su madre intentó matricularlo en la "Escuela Nacional de Comercio de la Capital", sita en Bartolomé Mitre 1358, para primer año del curso preparatorio. ¿Podía ingresar sin tener los estudios primarios completos? Sí. Los requisitos entonces eran tener doce años cumplidos, certificado de buena conducta y rendir un examen bastante exigente. Había chicos que se presentaban con cuarto o quinto grado aprobados. El ingreso era difícil, porque no todos aquellos que se presentaron pasaban el examen de ingreso, de una cantidad de doscientos cincuenta a trescientos postulantes solo aprobaba la mitad.

Tal vez no haya prosperado esta instancia porque Carlos finalmente culminó sexto grado (y con él sus estudios primarios) en el Colegio San Estanislao. Corría al año 1904.

A través de su trayectoria podemos vislumbrar la perseverancia de su madre para que su hijo tuviera estudios. Repetimos que no todos los niños culminaban la primaria y más habiendo tenido tantos cambios en su tránsito escolar. Otros hubieran dejado. Observemos también que su madre no dejó pasar oportunidad de estudios superiores (existía la posibilidad de que los chicos de doce años ingresaran a una escuela de comercio e intentó aprovecharla).

La misma perseverancia e idénticos deseos de superación que mostró Gardel en toda su carrera artística. Se aprende de niño.

Los colegios particulares en la educación de principios de siglo: el San Estanislao

Charles Romuald Gardes nació en Toulouse, Francia, el 11 de diciembre de 1890. Llegó a la Argentina junto con Berthe Gardes (su madre), en marzo de 1893.

¿Por qué hacemos hincapié en este niño? Porque en 1912 adoptó el nombre artístico con el que sería conocido en todo el mundo: Carlos Gardel.

Vamos a tomarlo como barómetro para apreciar cómo era la escolaridad de un niño en aquellos años y, especialmente, para estudiar la modalidad de los colegios particulares organizados para culminar estudios.

Ya vimos en el trabajo de Aballe cómo fueron sus primeros años de escolaridad. Vamos a ver ahora cómo culminó sus estudios. En 1904, Carlos finalizó el sexto grado en el Colegio San Estanislao (en aquellos años la escuela primaria no incluía séptimo). El colegio funcionaba en la calle Tucumán 2646/8 (distrito 5°).

La madre María Benita Arias y la Congregación de las Siervas de Jesús Sacramentado

Madre María Benita Arias. (Fuente: Archivo General de la Nación).

El Colegio San Estanislao fue obra de la Congregación de las Siervas de Jesús Sacramentado, orden fundada por la madre María Benita Arias.

Benita nació en La Carlota (provincia de Córdoba) el 3 de abril de 1822. Era descendiente directa del fundador de la ciudad de Buenos Aires y Santa Fe, Juan de Garay, del fundador de Córdoba, Jerónimo Luis de Cabrera, y del gobernador del Río de La Plata, Hernandarias de Saavedra.

A poco de nacer la niña fue confiada a los esposos Manuel Mena y Florencia Videla. Manuel Mena era un buen guitarrista y enseñó a Benita a tocar y a cantar, tradición que ella nunca perdería. Ya en su infancia y adolescencia, Benita comenzó a volcar todo lo aprendido a las niñas de menor edad. Fue a los diecisiete años cuando tuvo la oportunidad de realizar un primer retiro en la Santa Casa de Ejercicios de Buenos Aires; Benita se convirtió en colaboradora de esta obra y finalmente ingresó allí.

Con el tiempo, Benita intentó transformar la comunidad de las beatas en una verdadera Congregación de Hermanas con los votos religiosos. Comenzó a congregar así a las primeras Siervas de Jesús Sacramentado en la Capilla del Carmen. La casa matriz se levantó en Buenos Aires, en la calle Paraguay. Tan solo un año después, ya funcionaba una casa madre con una escuela para niñas, un taller de costura y un orfanato, y al año siguiente fue elegida superiora de esa comunidad.

En este panorama, nació una pequeña escuela de primeras letras para niñas, que dirigiría precisamente María Benita Arias. Se construyó en un terreno donado a la congregación por Martín Salazar, sobre la calle De la Luz (hoy Yatay) entre Corrientes y Del Parque (hoy Humahuaca), en el límite oeste de la ciudad. La religiosa bregó por la edificación, que logró concretar merced a donativos de poderosos apellidos de la época como Carlota Díaz de Vivar de Unzué y el entonces gobernador de la provincia de Buenos Aires, Mariano Acosta. Así se inauguró en marzo de 1874 esta escuela con un alumnado inicial de cincuenta y cinco niñas. Unos meses después, la congregación compró a Salazar el resto de la manzana.

Inicialmente las clases en el colegio fueron dictadas por monjas pertenecientes a la casa madre de la congregación, establecida en Callao y Paraguay, por lo que debían recorrer diariamente las veinticinco cuadras de distancia. Recién en 1879 se construyeron comodidades para que las maestras pernoctaran en el lugar; también en aquel año se inauguró la primera capilla, atendida en sus inicios por los padres salesianos del primitivo templo de San Carlos de la Calle Artes y Oficios.

En 1893, un incendio la redujo a cenizas. Otra vez vendría el auxilio económico de la viuda de Unzué, para la reedificación del antiguo establecimiento educativo, que se convertiría en un amplio edificio de tres plantas sobre Corrientes 4433, esquina Pringles, edificación que perdura hasta hoy.

María Benita Arias falleció el 25 de septiembre de 1894. Su proceso de beatificación se encuentra avanzado (actualmente, tiene la denominación de "Sierva de Dios").

El Colegio San Estanislao: la tarea del padre Larger

Hacia fines del siglo XIX, el colegio fundado por la madre Benita permitió el ingreso de algunos varones. Para ello se habilitó provisoriamente un espacio en la esquina de Corrientes y Pringles,[48] bajo el nombre de Escuela de Varones San Estanislao, que pronto se trasladó a una casa propia en Tucumán 2646, casi en la esquina con Centro América (hoy Pueyrredón). Su fundador y primer director fue el presbítero José Larger, quien además era el propietario de la casa.

Larger ejerció un largo trabajo como sacerdote en Argentina. Previamente a fundar y dirigir el Colegio San Estanislao, fue teniente cura de la Basílica de Nuestra Señora del Socorro.[49]

En la época en que Larger dirigió el San Estanislao ya era presbítero (los presbíteros son varones que han recibido el segundo grado del sacramento del orden. Su función es celebrar la Eucaristía y administrar los demás sacramentos, salvo la confirmación y la ordenación sacerdotal), y se había nacionalizado argentino.

---

[48] Paquita Bernardo, la primera mujer bandoneonista, estudió en dicha escuela pocos años después de la separación y mudanza de la escuela de varones a la calle Tucumán. La casa de sus padres estaba a una decena de cuadras de la escuela, en la calle Calle Larga del Ministro Inglés (hoy Gorriti), casi Canning.

[49] El teniente cura era el cura auxiliar del párroco. Ante la ausencia o fallecimiento de este, podía ejercer sus funciones sin ser nombrado.

Poco después de fundar el colegio, realizó una pequeña investigación sobre el origen de "El Señor de los Milagros", un crucifijo que fue pasando de mano en mano desde la familia Rivero, hasta pasar a ser parte de la Iglesia Nuestra Señora del Socorro. A este se le atribuían poderes sanadores y milagrosos, y contaba con su propia liturgia.

El Señor de los Milagros, *de José Larger*.
(Fuente: archivo personal del autor).

El trabajo fue publicado finalmente, en 1894, bajo el título de *El Señor de los Milagros*. El libro fue dedicado al arzobispo Federico León Aneiros, quien ocupara ese cargo desde 1873 hasta su fallecimiento, ocurrido precisamente en el año de la publicación. Aneiros supo ser un religioso de fuerte carácter y activa militancia política, con un profundo enfrentamiento con las políticas laicistas de Roca. También se esforzó por extender la evangelización por las nuevas tierras conquistadas a los indígenas mapuches, tanto en la pampa central como en la Patagonia. Para la dura tarea de expandir la Iglesia en esta zona se apoyó en la acción de los salesianos -los regenteadores del Colegio Pío IX, en el que Carlos Gardés cursó dos años-, que fueron claves en la cristianización del sur del país.

Larger estuvo a cargo del Colegio San Estanislao entre 1889 y 1900, aproximadamente. Discípulo de Aneiros, supo retomar su línea de mediación para conseguir la tan ansiada reconciliación de las relaciones entre el gobierno argentino y el Vaticano, ruptura ocurrida en 1884, durante la primera presidencia de Roca.

En 1900, y merced al trabajo del ministro Osvaldo Magnasco, la Santa Sede envió a su prelado, monseñor Sabatucci, y el padre Larger supo ser pieza vital en el reacomodamiento de las relaciones, acompañándolo en algunos de sus viajes trasandinos. En 1906, Alberto Blancas se presentó como embajador argentino en el Vaticano. Una vez más, Larger actuó como intermediario, en esta ocasión en representación de la Arquidiócesis de Buenos Aires. En 1910, tuvo una intervención activa aunque un tanto irregular en la creación del primer asilo de las Religiosas Adoratrices Esclavas del Santísimo y de la Caridad. La fundación de la Casa de Buenos Aires fue pedida por una Comisión de Señoras, aconsejadas del padre Anselmo María Aguilar, con la venia de la infanta Isabel de Borbón.

> En marzo se presentó el sacerdote Sr. Don José Larger -recordaban-, que al principio nos visitó y dio una limosnita para la lámpara del Santísimo, hablándonos de que nos convenía hacer una pieza para comedor de las muchachas. Conoce muy (sic) a

la Sra. María Luisa, y que estando con su idea, no gastaría un centavo: él lo pagaba si costaba poco, y así lo hizo. La tercera vez que nos vio, indicó de un terreno por Flores, Floresta o Villa Devoto, que lo vendieran arregladito, que él buscaría quien lo comprase, para nosotras edificar.[50]

Las negociaciones no fueron fáciles. En mayo, Larger volvió a visitar a las hermanas, y les aseguró que él sabía de una señora que haría la donación de un terreno para la construcción del asilo. Las hermanas de la orden comenzaron a sospechar de ciertos manejos irregulares:

> Su afán era el que mandaran dinero de España para empezar a manejar todo él, y algunas cosas tan raras, que daba qué pensar, viéndonos obligadas a consultar a personas que bien lo conocía (sic), aconsejándonos no nos comprometiésemos en nada con él que lo menos posible relacionásemos ni consultásemos; por nosotras mismas iría todo mejor.

Un encuentro con Dámasa Zelaya de Saavedra puso fin a las especulaciones, y la construcción pudo ponerse en marcha.

Larger siguió su camino. A pesar de haberse nacionalizado argentino hacía años, sus raíces españolas -era vasco francés- nunca lo abandonaron del todo. Así, a mediados de 1909 realizó un viaje a Barcelona, y otro más ya en su senectud (contaba con setenta y siete años) hacia 1928.

Sobre la Escuela Particular de Varones "San Estanislao", que supo dirigir, se sabe que ella comenzó a funcionar en 1890. La escuela era la primera vivienda de la esquina sudeste de la calle Tucumán, y tenía un techo de zinc.

En febrero de 1890, se pidieron útiles escolares al Consejo de Educación, el cual se los entregó (el Consejo tenía facultad de proveer artículos escolares a colegios

---

[50] Disponible en http://goo.gl/S5ObQ7.

particulares cuando estos se inauguraban, a condición de garantizar la gratuidad de la enseñanza y respetar una serie de medidas higiénicas). En función de los artículos que proveyeron a otras escuelas gratuitas, podemos especular sobre qué útiles les cedieron. Básicamente, se donaban cajas de tiza, bancos usados, mapas de la República Argentina, pizarrones murales –de segunda mano–, alguna colección de carteles de lectura. También podían incluirse resmas de hojas, diccionarios, cajas de sólidos geométricos, botellas de tinta y cuadernos de caligrafía Garnier.

Ese mismo año, el 26 de agosto, el Consejo de Educación exoneró "del derecho escolar correspondiente a la Asociación Esclavas de Jesús Sacramentado, testamentaria de doña Estanislada Fernández de Martín", quien había donado una fuerte suma para la compra de la manzana de la escuela de niñas. De este modo, ambos colegios, el de niñas y el de varones, pudieron funcionar sin tener que abonar el impuesto que se cobraba a las escuelas particulares.

Sin embargo, estas excepciones no bastaron para sostener una escuela pequeña. Es así como el 5 de diciembre de 1893, Larger solicitó una subvención económica al Consejo de Educación. El Consejo no hizo lugar a dicha solicitud.

La situación de las escuelas debió ser apremiante. En 1894, el Consejo hizo una excepción con la escuela de las Esclavas de Jesús Sacramentado, y otorgó por depósito una serie de útiles escolares para el ciclo lectivo de 1895.

Una serie de datos indican otros elementos interesantes sobre ese año. En 1894, se produjo un terremoto que afectó principalmente a las provincias de La Rioja y San Juan. Fue el terremoto con registro más fuerte en Argentina, con una magnitud de entre 8,6 y 8,9 en la escala de Richter. Causó gravísimos daños y víctimas en la provincia de San Juan, así como en La Rioja, y daños menores en Catamarca, Córdoba, San Luis y Mendoza. Como consecuencia directa hubo más de cincuenta muertos y centenares de heridos.

El Estado nacional actuó con rapidez. Entre sus acciones, el Consejo de Educación gestó una colecta entre los colegios fiscales y particulares del país. En la Capital, las escuelas se pusieron en campaña. La Escuela Superior de Niñas (aquella en la que el niño Carlos Gardés había cursado primer grado) logró juntar $24, la Escuela Elemental de Varones –en donde cursó segundo–, $12,50; el Colegio Pío IX (Carlos pasó por allí en 1901 y 1902) donó $15, y el padre Larger, director del San Estanislao, realizó una generosa donación: $20.

El total de lo recaudado fue de $10.487, 89.

El plantel docente y algunos alumnos

Es interesante analizar la situación del Colegio San Estanislao hacia 1895, año en que se realizó el Censo Nacional de Población. Gracias a este, podemos saber que el padre José Larger (o Largér, según el censo) era español, y tenía cuarenta y dos años.

En realidad, aunque no es muy importante, Larger no tenía cuarenta y dos años sino cuarenta y cinco. Su nombre completo era José Baldomera Francisco Larger Vieta. Había nacido el 3 de marzo de 1850 en Blanes, Gerona (muy cerca de la frontera con Francia y a 336 km de Toulouse, tierra natal de Carlos y Berta Gardes), y era hijo de José Larger y Francisca Vieta. Hacia 1895 ya se había nacionalizado argentino.

En la ficha censal del colegio aparecen también Gilberto Lafay, de veintidós años y origen francés, Bartolomé Bosano, de treinta, nacido en Inglaterra. Ambos eran solteros y figuran como profesores (¿de idioma? En el colegio se enseñaba francés). En relación con Bosano, su verdadero nombre era Bartholomew Bosano, y había nacido en 1865. Falleció en 1941 en Durham Central, Inglaterra, a la edad de setenta y seis años.

Asimismo, aparece censado Francisco Vacca, italiano, de cincuenta y cinco años, casado, e inscripto como portero. No hay datos sobre su esposa.

Más abajo figuran los estudiantes: Alberto Llanos, de doce años, argentino; Juan Caballero, de catorce, italiano; M. José Miralles, doce años, argentino; Eladio Velásquez, once, argentino; Antonio Roberto Velásquez, nueve, argentino; Luis Ferrari, nueve, argentino.

Sobre el alumno Miralles, su nombre completo era Miguel José Deogracias Miralles, había nacido el 22 de marzo de 1883. Era el primer hijo de Miguel Miralles –nacido en Lérida, España, de profesión albañil– e Inés Campana, natural de Buenos Aires. El matrimonio tuvo al menos tres hijos más: Agustina Rosa Mercedesa, en 1884, Luis Rafael, en 1886, y María Inés Francisca en 1889. El padre figura como albañil y la madre sin profesión.

Los Velásquez eran hermanos. Antonio había nacido el 13 de junio de 1885, y fue bautizado el 19 de noviembre de ese mismo año. Los niños eran hijos naturales. Sus padres eran paraguayos, de Asunción: Héctor Velásquez, de profesión empleado, católico, sabía leer y escribir. La mujer se llamaba Estefanía Jiménez. Hacia 1883 la pareja ya vivía en Buenos Aires, domiciliados en la calle Tucumán 103.

Es decir que –por lo menos hasta 1896– se trataba de un colegio religioso, pequeño, gratuito o con un porcentaje de alumnos becados, regenteado en forma particular por el padre Larger, y con un grupo de estudiantes compuesto por seis varones entre los nueve y los catorce años. El hecho de que hayan sido censados en el colegio nos permite suponer que, o el censo fue hecho en horario escolar –se realizó un día martes de setiembre–, o bien se trataba de un colegio de pupilos (no sabemos si tenía la modalidad de alumnos externos). Asimismo, la diferencia de edad entre los niños indica que se trataba de una institución creada para que los niños terminaran los estudios. El oficio del padre de Miralles, de los Velásquez y el de la propia Berta –era planchadora, considerada por el Censo de 1904, "personal de servicio", en el mismo rubro que las domésticas–, como las solicitudes de exenciones impositivas y útiles escolares al Consejo de Educación, nos permiten suponer que la institución pasaba estrecheces.

Certificado de calificaciones de Carlos Gardés.
(Fuente: archivo personal del autor).

Hacia 1904, año en que cursa Carlos Gardés, el San Estanislao presentaba una estructura que incluía director y secretario (Biela, un religioso de origen español), y un programa de materias más extenso. Ese mismo año, se le levantó un expediente (I-154, 30 de noviembre) a la escuela. Marcos Balcarse, el director (el mismo que firmaría a fin de año el certificado de los egresados), sería el encargado de firmar la notificación.

Sobre el nuevo director del colegio, Marcos Balcarse, se sabe poco. Nació en 1875 o 1876 en Buenos Aires. Era hijo de Bernardo Balcarse, empleado, y Micaela Conde, ambos argentinos. Tenía dos hermanos: Bernardo, seis años mayor, y Floro, quien había nacido en 1851. Los dos hijos sabían leer y escribir.

Por aquellos años –y especialmente en 1904–, los colegios privados (se los llamaba "particulares") supieron ser severamente inspeccionados, y en muchas ocasiones, clausurados. Sin ir más lejos, un colegio que funcionaba a una cuadra escasa del San Estanislao (Tucumán 2734), así como otras diecisiete escuelas de la zona.

Uno de los alumnos más célebres del colegio, aparte de Carlos, fue Eugenio Santiago Peyru. Nacido en Buenos Aires en 1913, cursó entre 1923 y 1924 los estudios elementales (es decir, hasta cuarto grado) en el San Estanislao. Haciendo un camino inverso al de Carlos Gardés, en 1925 ingresó al Colegio Pío IX como alumno artesano, y pasó al año siguiente al aspirantado de la sede que los salesianos poseían en Bernal (aquella a que Carlos supiera ir con su grado para las fiestas patrias del 25 de mayo).

En 1943 Peyru, ya ordenado, ingresó como maestro, asistente y catequista de artesanos y estudiantes en el Colegio Pío IX. Cincuenta años más tarde, y ya ordenado como monseñor, fundó el Instituto Secundario Monseñor Miguel Ángel Alemán (hoy Colegio Diocesano Monseñor Miguel Ángel Alemán). Falleció en 2005.

El Colegio San Estanislao en 1934 aún existía como escuela. Hoy día funcionan allí varios locales de ropa, y del colegio no hay ni siquiera una placa recordatoria de su existencia.

Un testimonio del paso de Carlos por el Colegio San Estanislao

Por aquel entonces, Edmundo Guibourg –luego afamado periodista del diario *Crítica*– conoció a Carlos.

> Gardel iba a una escuela paga, pues a pesar de que la madre era muy pobre (era planchadora), su familia estaba acostumbrada a la buena educación que daban las escuelas privadas de Francia. Yo iba con los hermanos Pizarro que eran cuatro o cinco a un colegio de educación común de la calle Valentín Gómez y Anchorena. Gardel iba al colegio que se llamaba San Estanislao, ubicado en la calle Tucumán hacia Centroamérica, es decir en dirección hacia Pueyrredón.

En otras entrevistas Guibourg confundirá al colegio con otro llamado San Idelfonso, pero siempre refiriéndolo a la misma locación y época.

Carlos se fuga de la escuela

En setiembre de 1904, Carlos fue detenido en Florencio Varela. Según su madre Berta, "una tarde salió de casa y no volvió. Lo busqué como loca por todo Buenos Aires, pero no lo encontré...Viví unos días muy tristes y casi no podía trabajar. Por la tarde, al terminar mi tarea, salía a recorrer las calles, pero todo era inútil".

En relación con la fuga de la escuela, el caso de Gardel distó de ser un hecho atípico. Las fugas y deserciones escolares eran, hacia principios del siglo XX, bastante comunes. Es por ello que el Consejo de Educación desalentaba el ingreso de docentes de reemplazo después de julio, porque la matrícula escolar descendía tanto que no se veía la necesidad de cubrir las vacantes.

Había varias causas para esta deserción: las bajas temperaturas (en aquellos años no existía el receso de invierno, y los niños acudían a la escuela de lunes a sábado), la fuerte movilidad social (mudanzas, traslados, despidos, fallecimientos de un progenitor, etc.) y, principalmente entre los varones, la necesidad de salir a trabajar para colaborar con el hogar. Efectivamente, el testimonio de Berta así parece corroborarlo, cuando encontró a su hijo unos días más tarde:

> En una de mis diarias búsquedas, frente a una casa donde había una mudanza vi un gran carro, y sentado en el pescante estaba mi Carlitos, con un aspecto impresionante. Le habían puesto un traje de hombre con pantalones largos, a él, que era muy menudito. Las mangas del saco se las habían dado vuelta hasta el codo. ¡Carlitos! -le dije-. ¿Qué estás haciendo? Y el pobrecito me contestó que estaba trabajando: ¿No ves -me dijo- que estoy cuidando este carro? Mirá, ¡hasta me han puesto un traje nuevo! Lo llevé a casa, lo cambié de ropa y me parecía un sueño volver a tenerlo entre mis brazos. Pero a los pocos días, esa fiebre de inquietud que llevaba en el pecho volvía a separarlo de mí.[51]

Otra causa tenía que ver con los factores inmigratorios (en *El Monitor de la Educación Común* –la revista oficial del Honorable Consejo de Educación– llegaron a comparar a los inmigrantes con las hormigas, aduciendo que tanto unos como otros aparecen en la época de las cosechas y se esconden o parten en los meses de invierno).

Para el Honorable Consejo de Educación, el rol de los padres y la falta de estímulos también eran un motivo importante en la deserción escolar:

---

51 "La verdadera vida de Carlos Gardel recogida de labios de su anciana madre", en revista *La Canción Moderna*, 8 de junio de 1936.

Para nosotros estriba principalmente en el descuido de los padres de familia para exijir (sic) la asidua asistencia de sus hijos a las escuelas, descuido que tiene su origen en la condición social de la gran mayoría de ellos, pues aparte de no darse cuenta exacta de la importancia que tiene la educación, las necesidades de la vida les imponen el trabajo fuera de la casa desde muy temprano, de manera que no solamente no pueden vijilar (sic) la asistencia de sus hijos, sino que, ni aun pueden recibir comunicaciones y avisos que este Consejo cuida de hacerles pasar.

Puede agregarse a esto, que el niño no es bastante estimulado con atractivos que le hagan agradable el recinto, principalmente en aquellas escuelas que no poseen local propio, y que el consumo de útiles les exije (sic) un gasto excesivo en relación a su situación pecuniaria.[52]

La travesura terminó. Poco después, Carlos Gardés retornó al colegio y finalizó sus estudios. El certificado de aprobación del muchacho generó algunas sospechas, debido a la excelencia de las notas (teniendo en cuenta la consabida fuga y detención policial). Sin embargo, si vemos el contexto se comprende mejor, ya que una de las funciones de este tipo de colegios era la contención de una multitud de niños que, abandonados y/o huérfanos, pululaban en la ciudad de Buenos Aires. Si bien la Ley de Educación en principio privilegiaba la enseñanza laica por sobre la secular, en la práctica, el sistema de enseñanza pública no daba abasto a la matrícula, por lo que la promoción de escuelas particulares (la mayoría de carácter religioso) fue inevitable. Muchas de estas funcionaron como finalizadoras de los estudios de los niños, sin importar demasiado si ellos habían aprobado todos los grados. Para

---

[52] Revista *El Monitor de la Educación Común*, diciembre de 1888, Consejo Nacional de Educación, Buenos Aires.

ello existieron distintos sistemas, que incluían entrevistas del director o la maestra con el niño y la familia, recomendaciones del ministerio, exámenes de idoneidad, etc.

En relación con la edad –Carlos se atribuye catorce años, cuando aún le faltaban cuatro meses para cumplirlos–, puede deberse a la obligatoriedad de la enseñanza, que iba de los seis a los catorce años y que, en teoría, podía ser penalizada. De hecho, la relación entre la escuela y el sistema de Justicia era estrecha, y la cantidad de fianzas, detenciones e informes policiales vinculados con los estudiantes que se puede leer en las actas de esos años es impactante.

Además, la imagen del adolescente aún estaba en construcción (recién hacia 1910 empezaron a aparecer los primeros estudios más serios y sistemáticos); por tanto, un niño pasaba de su condición de tal a adulto casi en forma automática. De hecho, el censo de la población de la Capital Federal de 1904 presenta el trabajo infantil como un elemento estadístico más.

Gardel al Colón: lo que no pudo ser

> Pensaron que mi excelente voz de barítono debía ser aprovechada. Era necesario ponerme un maestro. Si era preciso, marcharía a Europa a estudiar el canto... Pero yo no quise. Lo que yo sentía era... otra cosa.[53]

Siempre se pensó que esta declaración de Gardel, realizada a principios de la década del 30, era otra de sus maravillosas fantasías sobre su origen y pasado. Hace poco tiempo, sin embargo, se encontró un material que le da a esa afirmación una pequeña vuelta de tuerca.

---

[53] Revista *Indiana* (enero de 1929). Citado en Peluso, H. y Visconti, E. (1990), *Gardel y la prensa Mundial*, p. 84, Ediciones Corregidor, Buenos Aires.

"La Dama del Plumero" fue solo un proyecto, una recolección de historias familiares que se convirtió en libro. "Mi hijo me pidió que le escribiera las historias que me contaba mi abuela y que yo le contaba a él. Los franceses son así, se cuentan todo", explica Rolando Goyaud sobre la génesis del Museo de Ituzaingó.

Lo que era una recopilación de anécdotas, con el tiempo se fue materializando. No eran solamente relatos familiares sino las historias de los vecinos y los objetos relacionados con esas historias, con las vidas de todo Ituzaingó.

Clarisse Coulombié de Goyaud nació el 15 de octubre de 1859 en Toulouse, Francia. Su bisabuelo D'Arquie fue general de Napoleón Bonaparte y murió en Waterloo. Fue sobrina nieta del pintor Delacroix e hija de Jean Pierre Coulombie y de Marie Louise Daussone. Su padre, mecánico y profesor de matemáticas, instaló una fábrica en San Pablo, Brasil. En 1869 se radicó en la Argentina, castellanizó su nombre y el de su esposa como Pedro y Ana, respectivamente. Clarisse supo ser la madrina de Enrique Bernardo, su hermano, nacido en Buenos Aires el 3 de agosto de 1871. Por ese entonces, la familia vivía en la calle Lorea 31. Poco después, y a causa de la epidemia de la fiebre amarilla, fueron evacuados a Morón, en la provincia de Buenos Aires.

Clarisse (ahora bajo el nombre de "Clara") desde muy joven se dedicó a ser modista de alta costura, por lo que supo mantener amistad con las familias de Mitre y Sarmiento. Poco después se casó con el arquitecto Gareyso, constructor de la primera rambla de madera de Mar del Plata. Tras el fallecimiento de aquel, volvió a casarse en 1893, en esta ocasión con el periodista Louis Goyaud (1856-1926), quien supo comandar un cantón en la fallida revolución de Leandro Alem e integrar en Buenos Aires la Societe Francais de Securs Mutuels D'anciens Militaires.

Luego de vivir unos años en Lomas de Zamora –donde nacería Raúl, hijo del matrimonio–, la familia se radicó en Santa Rosa, provincia de Buenos Aires. Allí se instalaron en la Parisienne, ubicada en el predio que luego sería el club Gimnasia y Esgrima de Ituzaingó y que fuera construida por Juan Ferrando, hijastro de Rosa Messeta, última pulpera del pueblo. Desde las primeras décadas del siglo XX, Clarisse comenzó a recibir a las mujeres desamparadas del pueblo y a sus hijos, a quienes les entregaba ropa que ella misma cosía. En su casa también comenzaron a reunirse vecinos que tuvieron participación activa en el desarrollo cultural y social del pueblo, impulsando las primeras sociedades de fomento. En 1931 entrevistó a esposas e hijas de pioneros, y así reunió valioso material para la primera historia del pueblo, publicada en 1932 por su hijo Raúl. Murió a los 95 años, víctima de una caída fatal.

Sobre la relación con los Gardes, en el diario *La Prensa* del 14/7-/1965 el periodista Raúl Goyaud, hijo de Clarisse, escribió:

> Carlos Gardel nació en Tolosa, antigua capital del Languedoc, del Departamento del Alto Garona, a orillas del río del mismo nombre. La madre de Carlos Gardel –Berta Gardel– también había nacido en Tolosa. Vino con su hijo "Charles" –y a veces "Charlot"– a la Argentina cuando este era un niño. Mi madre –Clara Coulombié– la conoció personalmente. Diré más: mi madre también había nacido en Tolosa, al igual que sus padres y hermanos. Ambos llegaron a la Argentina con pocos años de diferencia. Además (...) el verdadero apellido era Gardes. Eso es lo que (...) siempre sostuvo doña Berta...[54]

---

[54] Citado en "Ituzaingó al oeste de Buenos Aires". Disponible en http://goo.gl/Mq0Ax7.

Carlos Gardel y su madre Berthe visitaron en varias ocasiones Ituzaingó para reunirse con Clarisse en su casa "La Parissienne".[55] "Berthé venía a casa con el hijo. Un día me pidió que intercediera ante mis hermanos, que eran profesores de música del Teatro Colón, para que Charles se dedicara a la lírica", afirmaba Clarisse.

---

[55] Los Goyaud se instalaron en la casa "La Parissienne" hacia 1903, por lo que las visitas de Berta y Carlos debieron ocurrir después de 1904, año en el que el muchacho finalizó la escuela primaria.

Conclusiones

Escuela, Iglesia y tango: no tan distintos

La formación educativa de una persona siempre ha tenido al menos dos facetas, una de carácter formal, vinculada a las instituciones oficiales; y otra de carácter vocacional, autodidacta, lo que tradicionalmente se llama "la escuela de la calle" o "escuela de la vida" (en el presente trabajo dejaremos fuera del debate a la familia, pero es obvio que resulta constitutiva de todo el andamiaje de creencias y valores de un individuo).

En el primer grupo, está básicamente la escuela y, en menor grado, las instituciones religiosas y otras instituciones como los clubes, las agrupaciones, las sociedades de fomento, coros, etc. En el segundo grupo, ubicamos al tango, pero en un sentido más amplio que el de un género musical, sino pensado más bien como un proto-sistema de valores, con su propia mitología y principios filosóficos.[56]

Los primeros esfuerzos sistemáticos por impulsar la educación en todos sus niveles se rastrean hasta Manuel Belgrano. Durante su labor como secretario del Consulado de Comercio de Buenos Aires, fundó la Escuela de Náutica y la Escuela de Matemáticas. Belgrano impulsó la educación tanto primaria, técnica como universitaria, en un contexto hostil, donde la Corona boicoteaba cualquier

---

[56] En ese sentido, es llamativo ver la cantidad de tangos que hacen referencia a que este fue una especie de "escuela de la vida", siendo "Cafetín de Buenos Aires" quizá el más emblemático.

esfuerzo de educación en las colonias. También abogó por la educación de las mujeres, algo poco común a comienzos del siglo XIX.

En aquel entonces, la relación de la escuela con la Iglesia fue constitutiva. Durante la época de la Colonia, la unidad social se concebía a través de la unidad de la fe de la Iglesia católica. Es por ello que la Iglesia se ocupó desde el comienzo de la educación.

Desde su emancipación, la nación argentina pasó a estar influida por dos corrientes de pensamiento distintas. Una, de inspiración cristiana, basada, por un lado, en la doctrina del sacerdote jesuita Francisco Suárez, que pregonó que la autoridad es dada por Dios pero no al rey sino al pueblo; y por otro, por el ejemplo de la Revolución Americana con su lema nacional "In God we trust" ("En Dios confiamos").

La otra corriente fue la de carácter racionalista, laicista e iluminista conducida por Voltaire, sustento de la filosofía política de la Revolución Francesa.

Cornelio Saavedra, fray Cayetano Rodríguez, Manuel Belgrano, entre otros, fueron grandes defensores del pensamiento católico y de la Iglesia, contra el anticatolicismo de los grupos liderados primero por Mariano Moreno y Juan José Castelli, y después por el gobernante Bernardino Rivadavia.

Entre 1874 hasta 1930, Argentina fue gobernada primero por el Partido Autonomista Nacional y luego por la Unión Cívica Radical, que tuvieron como común denominador su pasión anticlerical. Durante aquella época se conformó el Partido Socialista, también de indudable sesgo anticlerical. La llegada de la inmigración española trajo también cierta corriente anarquista aun más radical en su lucha contra la Iglesia. Así, la Iglesia católica se debió enfrentar a la aristocracia criolla, masona y positivista, y al socialismo y anarquismo de los inmigrantes europeos.

En 1884 se sancionó la Ley 1420 de Educación que expresamente presentaba el laicismo. El enfrentamiento del Estado con la Iglesia fue inevitable, y llegó hasta tal punto que ese año el gobierno argentino –conducido por el presidente Julio Argentino Roca– rompió relaciones con el Vaticano, y expulsó a su representante del país.

La escuela se orientó a la búsqueda de una alfabetización masiva, y una afirmación tanto de los valores locales (símbolos patrios, idioma, territorio) como de los universales (honestidad, sacrificio, trabajo, disciplina, igualdad), todos ellos propios del pensamiento liberal. Dentro de esa construcción de la identidad nacional, no aparecieron incluidos aquellos elementos de la producción cultural que la población consumía de hecho, y que el *establishment*, educado sobre bases europeas, no consideraba como dignos de ser incluidos dentro del sistema educativo.

Sin embargo, la Ley 1420 regía solo en la Capital Federal y en los territorios nacionales. En varias provincias se continuó enseñando religión. Por otra parte, los colegios católicos prestigiosos captaron porciones importantes del estudiantado y en los territorios nacionales, donde regía la ley, solían constituir la única opción. A partir de la gestión del ministro Osvaldo Magnasco (1898-1901), la Iglesia recuperó espacios en el ámbito educativo. Las relaciones con el Vaticano se reanudaron en 1899.

El tango, por su parte, también fue una construcción de lenguaje y de un sistema de valores. Si bien por su origen valoraba los elementos propios de la cultura europea (los instrumentos, el uso de la partitura, la estructura armónica, la construcción formal de su poesía), también asimiló otras vertientes, principalmente la africana y la de raigambre criolla. Es decir, fue una creación musical producto de la fusión de las culturas.

A pesar de las aparentes diferencias, la cultura "institucional" y la cultura "de la calle" tuvieron en su origen algunos elementos simbólicos en común.

Hay dos que destacan por encima del resto: por un lado, la figura de la madre. Allí, la iconografía cristiana (básicamente, la imagen de la Virgen María) se fusionó con las necesidades de la enorme cantidad de niños huérfanos –o abandonados– por parte de padre que pululaban por la ciudad. Dicho *cocktail* dio como resultado una idealización de la figura materna, que la emparentaba con la pureza, la fidelidad y la moral. Asimismo, produjo la construcción antagónica de la mujer "perdida" o corrompida que, como el padre, también abandonaba y traicionaba al varón.

El otro elemento simbólico en común entre ambas culturas estuvo vinculado a la distinción nacionalista, de lo "criollo", contrapuesta al "peligro" de la influencia extranjerizante (principalmente de los inmigrantes de clases populares y las ideas anarquistas) y la amenaza del mundo aborigen. Es por eso que no es casualidad que el tango apelara muchas veces a la temática religiosa y a la simbología cristiana en sus letras.

Como hemos visto, en los comienzos de la creación de la escuela moderna, había un consenso en todos los niveles de la enseñanza musical sobre la metodología educativa, el enfoque y las herramientas a utilizar: una visión eurocentrista y academicista, basada en la disciplina y la repetición; no muy distinta en definitiva a la que se utilizaba para enseñar las otras asignaturas. En relación con la enseñanza de la música, esta no difería de la modalidad general. En 1897, Lac Prugent resumía el pensamiento sobre lo que se pretendía en la enseñanza de la música en la escuela:

> Debemos iniciaros en todo lo que eleva el alma, adorna el espíritu, enriquece la inteligencia, en todo lo que os acerca a estos tres nobles fines: lo Verdadero, lo Bello, el Bien. Esta es la educación liberal, como la han enseñado para Uds.: al salir de las escuelas públicas, no debéis desconocer nada de lo que ha creado el genio del hombre (...) Sé perfectamente que hay naturalezas rebeldes a la música, oídos mal acordados, gargantas poco flexibles, incapaces de someterse a las exigencias del canto pero son raras excepciones, y casi todos podéis con un poco de aplicación, adquirir esas nociones indispensables a todos los que se ocupan de la música, nociones que forman parte del equipaje de todo hombre culto.

Hacia 1905, F. G. Harmann se preguntaba por qué la Argentina carecía de música popular, y criticaba el rol de la escuela por haberse abocado al solfeo y la teoría casi en exclusividad. El artículo narra que fue gracias al maestro Gracioso Panizza –que ya hemos mencionado en varias oportunidades– que comenzó hacia 1880 la reforma, con su primer cuaderno de "Cantos Escolares". "Era precisamente lo que la reorganización necesitaba. Aquel cuadernillo contenía una colección de melodías en su mayoría tomadas del inagotable manantial popular de Alemania". Según el autor,

> bien sabía Panizza que del canto escolar había de surgir un día el canto del pueblo; que la escuela había de llevar a los confines de la República primero el placer y luego la necesidad de cantar, y que al difundirse había de derramar doquier el beneficio de las virtudes y del influjo que sostienen y robustecen la nacionalidad.

¿Por qué no se eligieron melodías locales?

Faltando en absoluto la literatura musical con texto castellano adecuada a este objeto, hizo lo que en tales emergencias más convenía: buscó melodías típicas donde mejor las hay, conservando en lo posible y virtiendo a nuestro idioma su texto original, característico, impersonal y por lo tanto, de mérito universal, confiado en que el tiempo se encargaría de estimular a nuestros compositores capaces de continuar su obra. En esto último se ha equivocado. Nadie ha sido capaz de continuarla.[57]

"Vamos a crearlos", arengaba el autor más adelante.

Cualquiera que fuera su procedencia, debemos con el mayor escrúpulo y más delicado tino elegir cantos exóticos y adaptarlos a nuestras necesidades, conservando el perfume moral y poético del verso, la característica de la música. (...) sea vertiendo rítmicamente a nuestro idioma sus textos originales, o sea adaptando a la melodía, y de acuerdo con su índole, nueva letra en lo posible relativa a nuestro cielo, nuestra tierra, nuestras costumbres, nuestros ideales, nuestra historia, teniendo siempre presente que estos cantos –al par de los originales nuestros que con los años no dejarán de producirse– serán llamados a llegar por conducto de millones de niños al hogar más humilde y más apartado de la República; serán conservados y transmitidos, por esos mismos niños hechos hombres, a futuras generaciones, hasta que sus melodías resuenen doquier late un corazón argentino, constituyan un día un precioso vínculo entre todo el pueblo argentino y robustezcan el amor al terruño, a la patria. Es esta la alta misión del canto popular nacional cuyo fundamento descansa sobre la escuela primaria.

Importados en forma mecánica, en todas aquellas modalidades y métodos aplicados a la enseñanza escolar obviamente no había la menor mención a los géneros locales, ni tampoco a los instrumentos populares, ya sea urbanos (como el bandoneón y la guitarra), o autóctonos (ciku, charango, bombo, caja, etc.).

---

[57] Hartmann, F. G. (1905), op. cit.

Los actos escolares se transformaron en el motor más importante del desarrollo musical escolar. Estos tenían una directiva más o menos uniforme entre las escuelas, en los que se buscaba consolidar ciertos valores que se consideraban universales, como la independencia, la libertad, la confraternidad, el culto al trabajo o el amor a la patria. Todas las representaciones contaban con una redundancia de significaciones, en un interesante esfuerzo de traducción al significante, de significados abstractos.[58] La música funcionaba en ellos más como un soporte ideológico del contenido que con un sentido artístico.

Esta disociación fue constitutiva del imaginario simbólico de la sociedad en construcción. El sentido de pertenencia de esos millones de inmigrantes y nativos que empezó a convivir en la flamante metrópoli se apoyó en una base donde ciertos valores universales como la libertad y la igualdad estaban por encima de los particulares, con una asociación implícita de que los elementos europeos y norteamericanos eran superiores a los autóctonos. Estos últimos serán rescatados, pero en un sentido ideal y estilizado, casi como dando un pequeño toque de color dentro de una amplia paleta obligatoria y universal.

Es por ello que el reconocimiento escolar de la música folclórica local vendrá muchos años después. En 1921, apoyado en los estudios de Estanislao Zeballos, Ambrosetti y, principalmente, el formidable cancionero del santiagueño Andrés Chazarreta, el Honorable Consejo de Educación estableció las bases para la enseñanza del folklore argentino en las escuelas. Se realizó una clasificación inicial,

---

[58] En un acto, por ejemplo, se representan la *fuerza* y la *gloria* de la siguiente manera: siete niñas vestidas de blanco, con gajos de roble, y otras siete con gajos de laurel se extienden en dos alas, derecha e izquierda formando un óvalo ("El escudo nacional argentino", acto distrito 8°, mediados de 1900).

donde la música era una parte de todo un sistema que incluía tradiciones, leyendas, cosmogonía y conocimientos.[59]

El tango, en cambio, permaneció en las sombras durante mucho más tiempo. Su relación con la escuela iría cambiando en las siguientes décadas, con idas y vueltas, pero siempre manteniendo cierto distanciamiento. Quizá la dificultad de la enseñanza del baile, por lo íntimo del contacto, o cierta aspereza en algunas poesías del género (cosa que no sucede tanto en otros géneros musicales populares argentinos, como la chacarera o el carnavalito) produjeron esta dificultad en el acercamiento.

Hay otros elementos para reflexionar sobre este vacío. Si uno habla con jóvenes y adolescentes de cualquier extracción social, observaremos que en sus referencias familiares mencionan, en general, que son los abuelos quienes se inclinan en mayor medida al tango. Es decir, existe una ruptura generacional entre aquellas personas de más de setenta años (y que supieron conocer el género en épocas de mayor esplendor) y los que hoy cuentan con menos de cuarenta, y que vivieron el apogeo de la influencia de las músicas foráneas, hoy absolutamente naturalizadas en nuestra cultura. Esta brecha tampoco ha podido ser acortada por los docentes, quienes también la sufren (es difícil transmitir aquello que uno nunca vivenció), con el agregado del temor remanente a la censura o al ridículo que dejó como triste legado la última dictadura militar. Los niños y adolescentes actuales, hijos de la democracia, no

---

[59] Curiosamente, en el ámbito popular la música folclórica del interior también fue "descubierta" en esos años, precisamente merced al trabajo de la compañía de Andrés Chazarreta. El santiagueño irrumpió en la palestra de la Ciudad de Buenos Aires en 1921, cuando presentó su compañía folclórica en el Teatro Politeama. Este hecho inédito para la metrópoli fue un soplo de aire fresco en cuanto a originalidad: por primera vez la gente escuchaba y veía a verdaderos exponentes del acervo cultural del interior del país.

expresan ese temor ni limitación; al contrario, se encuentran dispuestos al acercamiento siempre y cuando la guía sea adecuada, respetuosa y principalmente, basada en el afecto y la sinceridad. Pero dicha guía no aparece.

A pesar de algunas leyes y decretos que en las últimas décadas han buscado reivindicar la existencia del tango y su lugar en la cultura local, hoy día el género aún busca su lugar en la currícula educativa (el folklore ya ha sido incluido desde hace unas cuantas décadas, especialmente a nivel primario y vinculado sobre todo a los actos y las fechas patrias). Si bien existen una serie de instituciones terciarias y universitarias que hace más de veinte años que funcionan adecuadamente (Universidad del Tango, Escuela de Música Popular de Avellaneda, Academia Nacional del Tango), la inserción del género en los otros niveles educativos es aún una deuda pendiente.

Escurridizo e inclasificable, emotivo y burlón, pareciera que aún hoy día el tango sigue fiel a sus orígenes, y no se deja atrapar por el, a veces, asfixiante marco de las instituciones.

Apéndice: el tango hoy

En esta sección hemos incluido artículos que muestran la relación del tango con las instituciones hoy día. Estos no pretenden ser abarcativos, sino que intentan presentar un fresco de cómo ha evolucionado la relación del género popular con las principales instituciones reguladoras de los ciudadanos.

También se presenta un apartado de "Cronología", en donde se exponen, a modo de marco histórico, algunos de los hechos más relevantes que sucedieron en la vinculación entre el tango y las instituciones a lo largo de casi ciento cincuenta años.

El tango y la Iglesia: el papa Francisco

El 3 de noviembre de 1967, y a pedido de la Academia Porteña del Lunfardo, la Junta de Historia Eclesiástica dependiente del Episcopado Argentino emitió un comunicado firmado por su presidente Guillermo Gallardo y su secretario fray José Brunet. Allí decía:

> Tenemos el agrado de dirigirnos al señor Presidente de la Academia Porteña de Lunfardo y, en respuesta a la solicitud dirigida a la Junta Histórica Eclesiástica Argentina con fecha de 2 de octubre, sobre si existió una prohibición eclesiástica formal del tango, o si la Santa Sede o la autoridad eclesiástica local condenó ese baile y que carácter revistió la condena, en caso de haber existido, le manifestamos no tener conocimiento de prohibición

expresa alguna sobre el particular ya que, bajo el aspecto moral, tanto este como los de su género se hallan comprendidos en los principios generales de la moral.⁶⁰

Simbólicamente, podemos pensar que ya entonces lo más álgido de las tensiones entre el tango y la Iglesia católica había pasado. Lejos quedaban aquellos decires de monseñor Franceschi sobre Carlos Gardel, y aun más lejanas las idas y vueltas sobre la moralidad del tango y las cortes europeas en el comienzo del siglo XX.

En esa dirección –y si bien no se trata de la posición oficial de la Iglesia–, la presencia del papa Francisco, nacido en Argentina y expreso simpatizante del tango, parece traer un cierre a aquellas lejanas tensiones.

Flores, en la época en que nació Jorge Bergoglio, el futuro papa Francisco. (Fuente: Archivo General de la Nación).

---

60 Burgstaller, C. H., "Casimiro Aín bailando ante el Papa", en *Tango Reporter*. Disponible en http://goo.gl/e1eIGI.

Jorge Mario Bergoglio (el actual papa Francisco, electo como tal en marzo de 2013) nació en el barrio porteño de Flores, el 17 de diciembre de 1936. Su padre era obrero ferroviario y su madre ama de casa. Hacía poco más de un año que Carlos Gardel había fallecido en el accidente de Medellín. Flores en aquellos años era un barrio popular de casas bajas, abundantes potreros, esquinas con faroles y veredas angostas y mal trazadas. No era el arrabal, pero tampoco un barrio distinguido. Hace más de setenta años, el barrio aún conservaba algunas de las quintas que lo hicieron famoso. Los vecinos más viejos recordaban que allí habían vivido en otros tiempos Justo José de Urquiza y el gobernador de Buenos Aires, Juan Manuel de Rosas. Y que en su célebre basílica se celebró el funeral de Manuel Dorrego.

Precisamente en dicha basílica (la Basílica de San Carlos), perteneciente a la orden católica salesiana, ubicada en la esquina de Hipólito Yrigoyen y Quintino Bocayuva, el futuro papa Francisco fue bautizado un 24 de mayo. Muchos años después, cuando ya era arzobispo de la ciudad de Buenos Aires, volvería para bendecir su altar. Afecto al barrio, Jorge Bergoglio nunca dejó de visitar la basílica y recorrer el lugar que lo vio nacer.

Es evidente que Almagro tiene algo especial. Los poetas y escritores supieron rendirle diversos homenajes: Roberto Arlt se inspiró en ese barrio para escribir *El juguete rabioso*, Julio Cortázar lo honró con el cuento "Lugar llamado Lindbergh", y Alejandro Dolina escribió sus *Crónicas del Ángel gris*, instalando una suerte de mitología urbana centrada en Flores.

El barrio de Flores mantuvo con el tango una relación cercana. De allí salieron, entre otros, Agustín Magaldi y Pedro Maffia, conocido luego como "el pibe de Flores". También pertenecen a la historia del barrio Hugo del

Carril, Libertad Lamarque y Florean Ruiz, así como el payador Gabino Ezeiza. Letras de tangos, valses y milongas fueron tramadas en ese espacio simbólico y mítico, como "Desde el alma", "Compadrón" y "Adiós muchachos". Sin ir más lejos, el mismo año que nació Jorge Bergoglio, el poeta Enrique Gaudino y el músico Armando Acquarone escribieron "San José de Flores", que seguramente el futuro papa debió de haber disfrutado en la versión de Osvaldo Pugliese y Alberto Morán.

"Misa de once", el tango escrito por Armando Tagini con música de Juan José Guichandut, vecino de Flores, menciona distintos lugares que Bergoglio bien pudo conocer. La letra habla de un amor, un colegio y una iglesia donde se escuchan las campanas llamando a misa de once. El colegio pudo haber sido el de las Hijas de Nuestra Señora de la Misericordia, donde el futuro pontífice se comprometió a celebrar una misa, compromiso que no pudo cumplir porque debió viajar a Roma con los resultados conocidos. Los paseos de la pareja ficticia del tango deben haberse realizado en la plaza Herminia Burana, y la misa debe haberse celebrado en la basílica del barrio, a pocas cuadras de Membrillar 571, la casa de los Bergoglio.

Según sus propias declaraciones, Jorge Mario Bergoglio aprendió a bailar el tango siendo muy joven. Quienes lo conocieron entonces hablan de un muchacho reservado, más dedicado a la reflexión y el estudio que a la vida callejera, aunque ni los libros ni las exigencias de la fe le impidieron de vez en cuando sumarse al potrero detrás de una pelota, cortejar a una muchacha o aprender a bailar el tango en un tiempo en el que un adolescente se iniciaba como hombre a través del baile.

Bergoglio siempre admitió que su afición por el tango no era nueva. Cuando los periodistas Sergio Rubin y Francesca Ambrogetti –autores del libro "El jesuita"– le preguntaron si le gustaba, él respondió: "Muchísimo. Es algo que me nace de adentro". En esa entrevista citó a sus intérpretes favoritos, entre los cuales incluyó a Gardel, pero también a la orquesta de D'Arienzo, Julio Sosa, Ada Falcón, Astor Piazzolla y Amelita Baltar.

Su interés no se redujo solo a la melodía, también llegó a bailarlo de joven, aunque dijo preferir la milonga, similar al tango pero de ritmos y pases más veloces. Para el papa, el encanto de la milonga tiene que ver con que "es ingenua, llena de coraje y alegría", mientras que "el tango es una voz resentida que deplora con excesos de sentimentalismo sus propias desgracias y se alegra con diabólica impudicia de las desgracias de otros".

En aquellos años, las relaciones de la Iglesia católica con el tango no eran muy buenas. Si bien el tiempo de las críticas más duras había sido superado, todavía para algunos recalcitrantes el tango era mala palabra. Es verdad que no todos los sacerdotes pensaban lo mismo, pero además, en los años cuarenta, la calidad musical de las orquestas despejaba cualquier duda respecto de la seriedad del género. Así y todo, fue precisamente en esa década cuando el nacionalismo integrista de extrema derecha se dedicó a cambiar la letra y los títulos de varios clásicos del género (ver la sección "El tango y las leyes").

Anécdotas al margen, ninguna censura oficial o extraoficial, laica o religiosa, alejó al futuro papa Francisco del tango. En 2014, y ya ungido como papa, supo recibir una comisión del Centro de Estudios Gardelianos presidida por Enrique Espina Rawson. El presidente del CEG visitó a su Santidad Francisco en el Vaticano, y al final de la audiencia general, a la hora del "besamanos", le entregó una serie de obsequios (películas y libros sobre Carlos Gardel). "Santo

Padre, le traigo una foto de un amigo", expresó Espina Rawson. El papa Francisco, tras verla, se sonrió y afirmó "es un amigo del rioba (barrio, en lunfardo)".

"Se han juntado dos grandes de Buenos Aires, Francisco y Gardel. A partir de hoy Gardel canta en el Vaticano", manifestó el titular del Centro de Estudios Gardelianos de Buenos Aires.

Recientemente se estrenó un tango dedicado al papa Francisco. Este hecho, si bien muy especial, no es el primero de su estilo: existe un tango anterior compuesto para un papa: "Tango argentino", como parte de un musical llamado "El peregrino", dedicado al papa Juan Pablo II. Su autor es Memo Sánchez Leví.

"Ahora, papa Francisco" es el título de la obra compuesta por Edmundo "Muni" Rivero y Enrique Bugatti. "Ese cura luchador, que ya desde pibe quería, en Flores donde vivía, ser del débil protector. Papa Francisco querido, la Virgen cuida de vos, y este tango pide a Dios, que ilumine tu camino", se expresa en la letra del tango dedicado al pontífice.

Muni Rivero revela uno de los entretelones de la versión original, donde "luchador" rimaba con "redentor". Pero había un pequeño problema. "Le mostré la letra a un sacerdote y me hizo notar que el hombre, aunque sea un santo, no redime. Solo Dios puede hacerlo", explicó el autor. Ese Dios que cambió el destino de Bergoglio, que le "amplió el territorio", como recita más adelante "Ahora, papa Francisco".

No sería el único tango que le dedicarían: en los primeros cien días de su pontificado, se podían contabilizar siete tangos dedicados a Francisco, entre ellos uno en portugués y otro realizado en España.

Entre las otras composiciones, se destaca una con letra y música de Daniel Ursini –que llegó a ser mencionada en la radio del Vaticano–, otra del cantor Horacio Morales y una de "El gaucho Talas" ("Al papa Francisco"), cantor criollo y payador argentino.

Como síntesis del encuentro entre aquellas culturas que otrora parecían tan antagónicas, mencionamos que existe un poema en lunfardo dedicado al papa. Sus primeros versos dicen:

> *Decime vos, che, Bergoglio quién te nominó pa' Papa*
> *batí por Dios si Jesús intercedió ante su viejo.*
> *Vos tenés la rea estampa que Discepolín creó*
> *la misma que Homero vio, y el payador de la Pampa...*[61]

El tango y las leyes: resoluciones, decretos y edictos

Presentamos aquí las principales leyes, resoluciones y edictos dictados en los últimos años. Las hemos organizado con el siguiente criterio: primero las que son de orden nacional, luego las vinculadas a la ciudad de Buenos Aires, después las de carácter provincial, y finalmente, los proyectos de ley aún no aprobados o tratados. Hemos transcripto en forma completa aquellas leyes que consideramos fundacionales, como la de la creación del "Día Nacional del Tango", o la incorporación del tango al Patrimonio Nacional.

---

[61] "Poema lunfardo para Francesco". El poema completo está disponible en http://goo.gl/QEgSXK.

Leyes nacionales

1977

(S-5661/12) – Proyecto de declaración – Senado de la Nación – Día Nacional del Tango

Versión preliminar sujeta a modificaciones una vez confrontado con el expediente original
Declara
Su adhesión al Día Nacional del Tango, a celebrarse el próximo 11 de diciembre de 2012, en conmemoración a las fechas de nacimiento de los creadores de dos vertientes del tango: Carlos Gardel y Julio De Caro y por representar un aspecto fundamental de la identidad de nuestro país.
María de los Ángeles Higonet.
Fundamentos
Señor presidente:
El "Día Nacional del Tango" surgió a raíz de una propuesta que Ben Molar le da al secretario de Cultura de la Municipalidad de la Ciudad de Buenos Aires, Ricardo T. Freixá, en 1965. El día conmemora las fechas de nacimiento de los creadores de dos vertientes del tango: "La voz" (Carlos Gardel, el zorzal criollo, ídolo y figura representativa del tango) y "La música" (Julio De Caro, gran director de orquesta y renovador del género).
Presentada la propuesta, se pidió la conformidad de las entidades artísticas. Ben Molar consiguió así la conformidad de Sadaic, Argentores, Sade, Casa del Teatro, Sindicato Argentino de Músicos, Unión Argentina de Artistas de Variedades, Academia Porteña del Lunfardo, Radio Rivadavia, Fundación Banco Mercantil, La Gardeliana, Asociación Argentina de Actores y Asociación Amigos de la Calle Corrientes.

Luego de varios años y ante el silencio oficial, Molar amenazó cordialmente al secretario de Cultura de la Municipalidad de Buenos Aires con hacer una gran movilización radial, televisiva y gráfica anunciando la organización de un festival en el Luna Park en apoyo del "Día del Tango". De esta manera lograron la promulgación del decreto tan esperado. Así, el 29 de noviembre de 1977 Ben Molar recibió la noticia de que había sido firmado el Decreto Nº 5830/77 de la Municipalidad de la Ciudad de Buenos Aires.

El 11 de diciembre el festival se realizó con la presencia enfervorizada de espectadores que celebraron el anuncio de ese merecido "Día del Tango". Sin embargo, para Ben Molar esto no fue suficiente: se propuso llevar las cosas a nivel nacional.

El 23 de diciembre de ese año, a pedido del secretario de Estado de Cultura de la Nación, Raúl Alberto Casal, organizó una despedida tanguera de ese año 1977 en el Teatro Nacional Cervantes. A cambio, Ben Molar le pidió la aprobación del decreto a nivel nacional. De esta manera llego el Decreto Nº 3781/77 del 19 de diciembre de 1977, en el que quedó establecido el "Día Nacional del Tango" para todos los 11 de diciembre.

Por la importancia cultural que tiene este día para los argentinos, es que solicito a mis pares la aprobación del presente proyecto de declaración.

María de los Angeles Higonet

1986

Ley 23.331- Honorable Congreso de la Nación Argentina – 03/7/1986 –
Monumentos Históricos – Cambio de lugar del monumento a Carlos Gardel

Autoriza a la Municipalidad de Buenos Aires el cambio de emplazamiento del Monumento a Carlos Gardel.

1990

Decreto 1235 – (PEN) – 28/6/1990 – Creación de la Academia Nacional del Tango

La Academia Nacional del Tango es la decimosexta en la historia de las academias nacionales.

Las academias nacionales se vinculan con el Estado nacional a través del Ministerio de Educación y la Secretaría de Cultura de la Nación.

La Academia Nacional del Tango de la República Argentina se presentó el 29 de junio de 1990 en el Salón Dorado del Teatro Colón, a las siete y media de la tarde, siendo el poeta Horacio Ferrer su creador y primer presidente. La actividad inicial fue la instalación del Primer Consejo Directivo y la entrega de diplomas a los cuarenta miembros del Cuadro de Académicos de Honor y a los cuarenta miembros del Cuadro de Académicos Titulares.

Las razones de su creación

(Extraído del Decreto del Poder Ejecutivo Nacional N° 1235/1990)

"Que el Tango como arte musical, coreográfico, poético e interpretativo, lleva un siglo de vigencia inalterable como expresión auténtica y profunda del pueblo argentino".

"Que esta vigencia creadora del Tango está en no menos de cincuenta mil (50.000) obras compuestas, editadas y estrenadas y que existen, desde fines del siglo XIX, más de cincuenta mil versiones grabadas de dichas obras en diversos soportes fonográficos, cinematográficos y de otro tipo en la República Argentina y en todo el mundo".

"Que dicha creación del Tango ha representado, como pocas artes nacionales y desde principios de este siglo, a la República Argentina en todo el mundo".

"Que es de toda justicia que el Estado le otorgue la significación que corresponde a esta manifestación cultural, ratificando el amor y la adhesión plena que nuestro pueblo naturalmente le concede".

Los fines
(Extraído del Decreto del Poder Ejecutivo Nacional N° 1235/1990)

"Que dicho patrimonio artístico nacional debe ser recopilado, ordenado, estudiado y salvado definitivamente de toda posibilidad de pérdida o destrucción".

"Que las tradiciones atesoradas por el tango deben ser preservadas, objeto de docencia, de estímulo a nuevas creaciones y ser definidas nacional e internacionalmente, todo ello de manera orgánica".

"Que estos propósitos podrán se completa y finalmente satisfechos con la creación de la Academia Nacional del Tango de la República Argentina que podrá cumplir con estos y otros objetivos, dentro del régimen de funcionamiento fijado por los artículos 1, 2 y 3 del Decreto Ley 4362 del 30 de noviembre de 1955 y sus modificaciones".

1991

Ley 23.980 – Sancionada: 14/8/1991 – Promulgada: 11/9/1991 – Instituto Nacional del Tango – Su creación

El Senado y Cámara de Diputados de la Nación Argentina reunidos en Congreso, etc., sancionan con fuerza de Ley:

Artículo 1º. Créase el Instituto Nacional del Tango con sede en la ciudad de Buenos Aires en la órbita de la Subsecretaría de Cultura de la Nación.

Artículo 2º. Será misión del Instituto:

a) Promover el tango en el país y en el exterior, en especial, en la juventud argentina.

b) Organizar y dirigir el Museo del Tango.

c) Otorgar los premios que se indican en los artículos 6º y 7º.

d) Proponer a los poderes públicos, entidades privadas y personas físicas según corresponda, la adopción de las medidas necesarias para la mejor difusión del tango en el país y en el exterior.

e) Patrocinar los centros de estudios y difusión del tango a nivel privado, su creación y extensión.

f) Realizar y patrocinar estudios sobre el tango.

Artículo 3º. Serán autoridades del Instituto un (1) presidente y cinco (5) vocales designados por el Poder Ejecutivo. Durarán tres (3) años en su cargo, pudiendo ser reelectos. A los efectos de la elección de las autoridades del Instituto, el Poder Ejecutivo evaluará las propuestas que las entidades con personería jurídica relacionadas con la cultura en general y el tango en particular le hagan llegar al efecto.

Artículo 4º. Las decisiones del Instituto se tomarán por simple mayoría de votos del directorio. El presidente tendrá doble voto en caso de empate.

Artículo 5º. El presidente tendrá a su cargo la administración del Instituto y su representación a todos los efectos.

Artículo 6º. Institúyese el premio Carlos Gardel, que se otorgará anualmente de la siguiente manera:

a) Al mejor compositor de tango.

b) A la mejor orquesta típica.

c) Al mejor letrista de tango.

d) A la mejor pareja o conjunto de danza.

e) A la mejor producción literaria sobre el tema.

f) A la mejor producción de arte plástico sobre el tango.

g) Al medio de comunicación que más se haya distinguido en la difusión del tango.

h) A la persona que se haya distinguido en la difusión del tango o en su estudio.

Artículo 7º. Instittúyese el premio Eduardo Arolas, que se otorgará anualmente a la persona de hasta treinta (30) años de edad al momento de la selección, que se haya distinguido en aspectos relacionados con el tango, a cuyos efectos se tendrán en cuenta como pautas las enunciaciones del artículo anterior.

Artículo 8º. Los premios enunciados en los artículos 6º y 7º tendrán carácter nacional, pero podrán sin perjuicio de ello ser también otorgados a personas y/o entidades extranjeras a criterio del Instituto, cuando se justifique por la calidad de sus participaciones.

Artículo 9º. Los premios enunciados en los artículos 6º y 7º consistirán conjuntamente en:

a) Un motivo artístico.

b) Un diploma.

c) Una suma de dinero.

La entrega de los premios se efectuará en acto público el 11 de diciembre de cada año.

Artículo 10. Será misión del Museo del Tango:

a) Recopilar la partitura y letra de los tangos producidos hasta el momento.

b) Recopilar la literatura existente y la que se produzca relacionada con el tango.

c) Organizar la hemeroteca del tango.

d) Recopilar las grabaciones de tango existentes y las que se produzcan en el futuro, en especial las grabaciones originales.

e) Recopilar el material fotográfico sobre el tango que se estime de relevancia didáctica, artística o musical.

f) Recopilar todo otro material relacionado con el tango y su historia, sus creadores, intérpretes, difusores y estudiosos.

g) Recopilar las diversas manifestaciones artísticas que tengan como tema o motivo el tango como ser el arte plástico.

El Museo realizará exposiciones sobre aspectos especiales del tango con material propio o cedido en préstamo por sus dueños.

Artículo 11. El Instituto estará autorizado para aceptar las donaciones del material enunciado en el artículo 10 o para su adquisición.

Artículo 12. Los gastos que se originen en cumplimiento del objeto del Instituto serán atendidos con los siguientes recursos;

a) Los que se obtengan de la gestión del Instituto, como ser la organización de conciertos, festivales, etcétera.

b) Los legados y donaciones que el Instituto acepte.

c) Cualquier otro ingreso originado en la actividad del Instituto.

Artículo 13. Comuníquese al Poder Ejecutivo.

Alberto R. Pierri – Eduardo Menem – Esther H. Pereyra Arandia de Pérez Pardo – Hugo R. Flombaum

Dada en la Sala de Sesiones del Congreso Argentino, en Buenos Aires, a los catorce días del mes de agosto del año mil novecientos noventa y uno.

1995

Ley 24.529 – Honorable Congreso de la Nación Argentina – 09/8/1995 – Homenajes – Monumento a "Carlos Gardel"

Dispónese la construcción de un monumento símbolo a Carlos Gardel en homenaje a su memoria (cad.)

1996

Ley 24.684 – Senado y Cámara de Diputados de la Nación Argentina – 14/8/1996 – Tango

Declárase como parte integrante del patrimonio cultural de la Nación a la música típica denominada "tango" y de interés nacional las actividades que tengan por finalidad directa su promoción y difusión.

Sancionada: 14/8/1996

Promulgada: 30/8/1996

El Senado y Cámara de Diputados de la Nación Argentina reunidos en Congreso, etc., sancionan con fuerza de ley:

Artículo 1°. Declárase como parte integrante del patrimonio cultural de la Nación a la música típica denominada "tango", comprendiendo a todas sus manifestaciones artísticas, tales como su música, letra, danza y representaciones plásticas alusivas.

Artículo 2°. Declárase de interés nacional las actividades que tengan por finalidad directa la promoción y difusión del "tango", entendiéndose comprendidas entre ellas las siguientes:

a) Los estudios e investigaciones artísticas, científicas o históricas.

b) La enseñanza y divulgación.

c) La conservación de documentos, objetos, lugares y monumentos que guarden relación significativa con sus expresiones y con sus más destacados creadores e intérpretes.

d) La edición literaria, musical o audiovisual, cualquiera sea el soporte técnico de las mismas, de obras artísticas o científicas vinculadas.

e) Las exposiciones de artes plásticas.

f) Los festivales musicales o espectáculos promocionales.

g) La construcción de instrumentos musicales característicos.

Artículo 3°. Las dependencias del Estado nacional encargadas de la promoción y difusión de la cultura y del turismo en el exterior, deberán incluir en sus programas y material informativo referencias acerca de la República Argentina y al "tango", como una de las expresiones culturales típicas del país.

Artículo 4°. Autorízase al Poder Ejecutivo Nacional para que desgrave o exima de contribuciones impositivas a las actividades descriptas en el artículo 2° de la presente.

El modo y condiciones para acceder a dichos beneficios será reglamentado por el Poder Ejecutivo nacional.

Artículo 5°. Autorízase al Poder Ejecutivo Nacional a establecer un régimen preferencial aduanero a fin de otorgar las máximas facilidades a la circulación y transporte de:

a) Los instrumentos musicales y el equipo de solistas o conjuntos que viajen al exterior para ejecutar programas de tango.

b) Materiales y publicaciones referidas al tango.

Artículo 6°. Comuníquese al Poder Ejecutivo.

ALBERTO R. PIERRI - EDUARDO MENEM - Juan Estrada - Edgardo Piuzzi

Dada en la Sala de Sesiones del Congreso Argentino, en Buenos Aires, a los catorce días del mes de agosto del año mil novecientos noventa y seis.

1997

Decreto 437/1997 – Poder Ejecutivo Nacional (PEN) – 16/5/1997 – Monumentos y lugares históricos

Decláranse monumento histórico nacional a una serie de bienes, entre ellos, la casa de Carlos Gardel.

Ley 24.931 – Honorable Congreso de la Nación Argentina – 09/12/1997 – Homenajes – Carlos Gardel

Modifícase el lugar de emplazamiento del monumento a la memoria de Carlos Gardel (sustitúyese el art. 2º de la Ley 24.529) (...) Deróganse las Leyes 22.640 y 23.331.

Decreto 1484/1997 – Poder Ejecutivo Nacional (PEN) – 30/12/1997 – Homenajes – Carlos Gardel

Promúlgase la Ley 24.931.

1998

Decreto 627/1998 – PEN – 04/06/1998

Cultura - Patrimonio material y cultural del tango - Reglamentación de la Ley 24.684.

1999

Decreto 168/1999 – Poder Ejecutivo Nacional – 09/03/1999

Espectáculo "Borges y el tango. Encuentro a orillas de un sueño" - Declaración de interés nacional.

Decreto 109/1999 – Poder Ejecutivo Nacional – 15/02/1999

Espectáculo "Fausto tango" – Declaración de interés nacional.

Resolución 416/1999 – Secretaría de Turismo – 03/11/1999

Embajada artística designada por la Dirección del Teatro General San Martín para participar en el Festival de Otoño en Madrid (España) ofreciendo la obra "Tango, vals y tango. Desde el alma" – Declaración de interés turístico.

Resolución 1105/1999 – Secretaría General de la Presidencia de la Nación – 27/08/1999

Página de internet de coleccionistas de Tango Asociación Civil - http://goo.gl/hmkk3t - Declaración de interés nacional.

2000

Resolución 389/2000 – Secretaría de Turismo – 03/11/2000

II Seminario de Tango en las ciudades de Buzios y Río de Janeiro, Brasil – Auspicio de la Secretaría de Turismo.

2005

Ley Acu-2853 – Poder Legislativo Nacional

Semana Nacional del Tango.

Decreto 806/2005 – Poder Ejecutivo Nacional – 11/07/2005

Patrimonio cultural – Impuesto al Valor Agregado – Exención a la construcción del Monumento al Tango en la Plazoleta Este de Boulevar Azucena Villaflor de la Ciudad Autónoma de Buenos Aires.

Resolución 801/2005 – Secretaría General de la Presidencia de la Nación – 06/07/2005

XI Certamen Nacional de Danzas Nativas Argentinas, Folklore y Tango, Campana 2005 – Declaración de interés nacional.

Resolución 121/2005 – Secretaría General de la Presidencia de la Nación – 17/02/2005

2da Edición del Campeonato de Ballet Folclórico y Tango – Declaración de interés nacional.

Decreto 1506/2005 – Poder Ejecutivo de la Ciudad de Buenos Aires – 28/09/2005

Autorización al funcionamiento del Paseo del Tango, en la calle peatonal Carlos Gardel, destinado a la reafirmación y difusión del tango y sus temáticas – Reglamentación de la Ley 848.

Decreto 104/2005 – Poder Ejecutivo de la Ciudad de Buenos Aires – 28/01/2005

Código de Habilitaciones y Verificaciones – Excepción de la aplicación de los requisitos previstos en el art. 2° del Dec. 6/2005 a los locales y establecimientos no regulados en el capítulo 10.2 del Código de Habilitaciones y Verificaciones, en los que se enseñe, practique y/o baile la danza del tango.

2006

Resolución 228/2006 – Ministerio de Cultura – 28/04/2006

IV Campeonato Metropolitano de Baile de Tango, a realizarse entre los días 4 de mayo y 17 de agosto de 2006 – Aprobación del Reglamento – Premios.

Decreto 1839/2006 – Poder Ejecutivo Nacional (PEN) – 12/12/2006 -Sepulcros históricos – Bóveda de Carlos Gardel

Declárase Sepulcro Histórico a la bóveda que guarda los restos de Carlos Gardel en el Cementerio de La Chacarita de la Ciudad de Buenos Aires.

2007

Ley 26.226 – Poder Legislativo Nacional

Homenaje – Declaración del año 2007 como el "Año de Homenaje a Homero Manzi", al celebrarse el 1 de noviembre el centenario de su nacimiento.

Ley 26.046 – Poder Legislativo Nacional

Semana Nacional del Tango – Se establece que estará comprendida entre los días 11 y 18 de diciembre de cada año.

Ley 25.058 – Poder Legislativo Nacional

Lugar histórico nacional – Declaración a la casa natal del poeta Homero Manzi, ubicada en la estancia de Añatuya, departamento General Taboada, provincia de Santiago del Estero.

Ley 24.941 – Poder Legislativo Nacional

Monumento en homenaje a la memoria de Osvaldo Pugliese – Construcción – Emplazamiento en la ciudad de Buenos Aires.

Ley 24.931 – Poder Legislativo Nacional

Monumento a la memoria de Carlos Gardel – Modificación del lugar de emplazamiento establecido en el art. 2° de la Ley 24.529 – Derogación de las Leyes 22640 y 23331.

Ley Acu-2105 – Poder Legislativo Nacional

Declarar al tango como parte integrante del patrimonio cultural argentino.

Ley 24.529 – Poder Legislativo Nacional

Monumento símbolo a Carlos Gardel en homenaje a su memoria – Construcción y emplazamiento en la plaza Chile.

Ley Acu-1753 – Poder Legislativo Nacional

Creación del Instituto Nacional del Tango.

Decreto 471/2007 – Poder Ejecutivo de la Ciudad de Buenos Aires – 28/03/2007

Espectáculos públicos – Habilitación – Actividades "Música en vivo de diversos géneros sin baile", "Teatro independiente", "Peña folclórica" y "Milonga" – Excepción a la limitación establecida en la Res. 878/2006 – Incorporación del art. 4° bis al Dec. 5959/44.

Resolución 2628/2007 – Ministerio de Cultura – 10/09/2007

Ministerio de Cultura – Designación de colaboradores y voluntarios para el V Campeonato Mundial de Baile de Tango.

Resolución 915/2007 – Ministerio de Cultura – 11/04/2007

Convenio de Cooperación – Convenio Administrativo de colaboración suscripto entre la Dirección General de Festivales y Eventos Centrales y la Asociación de Maestros, Bailarines y Coreógrafos de Tango Argentino – Aprobación e Implementación.

Resolución 842/2007 – Ministerio de Cultura – 29/03/2007

Eventos – IX Festival Buenos Aires Tango – Designación de colaboradores voluntarios.

Resolución 743/2007 – Ministerio de Cultura – 21/03/2007

Ministerio de Cultura – IX Festival Buenos Aires Tango – Designación de colaboradores voluntarios.

2009

Decreto 2002/2009 – Poder Ejecutivo Nacional – 11/12/2009

Presidencia de la Nación – Personalidades vinculadas a la música popular – Reconocimiento de su trayectoria artística.

Ley 26.531 – Honorable Congreso de la Nación Argentina

Secretaría de Cultura - Régimen de Protección y Promoción del Instrumento Musical Denominado Bandoneón - Creación.

Decreto 1116/2009 – Poder Ejecutivo de la Ciudad de Buenos Aires – 16/12/2009

Homenaje - Creación de la Comisión de Homenaje a Carlos Gardel - Funciones - Miembros - Reglamentación de la Ley 2933.

Decreto 780/2009 – Mendoza – Poder Ejecutivo Provincial – 28/04/2009

Declaración de interés provincial - I Congreso Internacional "Misión Tango" a realizarse entre los días 8 y 11 de julio de 2009.

2013

Resolución 658/2013 – Secretaría General de la Presidencia de la Nación – 05/07/2013

Declaración de interés nacional - 1er Encuentro de Tango y Juventud Villa Espil 2013.

2014

Resolución 1359/2014 – Secretaría General de la Presidencia de la Nación – 20/11/2014

Declaración de interés nacional - Segundo Encuentro Nacional de Tango y Juventud.

Ley 23.331 – Poder Legislativo Nacional

Autorización a la Municipalidad de la Ciudad de Buenos Aires para emplazar en la Plaza del Tango ubicada entre las calles Sarmiento y Bouchard y las avenidas Corrientes y Rosales de la Capital Federal el monumento a Carlos Gardel que se encuentra en la Plaza Almagro de acuerdo con lo que dispusiera la Ley 22.640.

Leyes de la Ciudad de Buenos Aires

Ley 130

Sanción: 14/12/1998 – Legislatura de la Ciudad Autónoma de Buenos Aires – Reconocimiento del tango como parte integrante de su patrimonio cultural

Creación de la Fiesta Popular del Tango a realizarse en forma anual y cuya culminación coincidirá con el Día del Tango, que se celebra el 11 de diciembre.

Ley Día del Lunfardo – 5/12/2000 – Día del Lunfardo

A partir del 5 de septiembre de 2000, todos los 5 de septiembre se celebra en Buenos Aires el Día del Lunfardo. Esto ocurrió gracias a la iniciativa del periodista Marcelo Héctor Oliveri, miembro de la Academia Porteña del Lunfardo; la fecha conmemora el día de publicación de "Lunfardía", libro de José Gobello, cuya primera edición en 1953 impulsó la valorización y el interés lingüístico de la jerga popular.

Ley 3257 – Poder Legislativo de la Ciudad de Buenos Aires

Celebración – Institución del 14 de octubre de cada año como "Día del Coleccionista de Tango".

Ley 2933 – Poder Legislativo de la Ciudad de Buenos Aires

Homenaje – Creación de la Comisión de Homenaje a Carlos Gardel – Funciones – Miembros.

Ley 2474 – Poder Legislativo de la Ciudad de Buenos Aires

Homenaje – Declaración de "Personalidad destacada de la cultura de la Ciudad de Buenos Aires" al cantor y compositor de tangos Oscar Reynaldo Fritz (Reinaldo Martín).

Ley 2430 – Poder Legislativo de la Ciudad de Buenos Aires

Homenaje – Declaración de "Personalidad destacada de la cultura de la Ciudad de Buenos Aires" al poeta y autor de tangos Roberto Díaz.

Ley 2218 – Poder Legislativo de la Ciudad de Buenos Aires

Programa Ballet de Tango de la Ciudad de Buenos Aires – Creación – Ingreso – Jurados – Contratos.

Ley 2190 – Poder Legislativo de la Ciudad de Buenos Aires

"Paseo Turístico-Cultural Tango-Bares" – Creación en el trayecto de la calle Boedo, entre las avenidas Independencia y San Juan.

Ley 1139 – Poder Legislativo de la Ciudad de Buenos Aires

Autorización al emplazamiento de un monumento al tango, en la plazoleta este del Boulevard Azucena Villaflor, cedido por la corporación Puerto Madero S.A.

Ley 1024 – Poder Legislativo de la Ciudad de Buenos Aires

Paseo turístico cultural subterráneo del tango – Creación en la traza del recorrido de la línea H de subterráneos.

Ley 848 – Poder Legislativo de la Ciudad de Buenos Aires

Autorización al funcionamiento del Paseo del Tango, en la calle peatonal Carlos Gardel, destinado a la reafirmación y difusión del tango y sus temáticas.

Ley 363 – Poder Legislativo de la Ciudad de Buenos Aires

Colocación de una placa en homenaje a Goyeneche en la calle Melián 3167 – Derogación de la Ord. 49.558 (municip.).

Ley 130 – Poder Legislativo de la Ciudad de Buenos Aires

Reconocimiento del tango como parte del patrimonio cultural de la Ciudad de Buenos Aires – Fiesta popular del tango – Creación.

Ley 2933 – Buenos Aires, 20/11/2008 – Legislatura de la Ciudad Autónoma de Buenos Aires – Creación de la Comisión de Homenaje a Carlos Gardel

Comisión de Homenaje a Carlos Gardel en el marco de las actividades de la Ciudad de Buenos Aires con motivo de los festejos del Bicentenario de la Nación – Creación.

Resolución 2015-3136-MCGC – 30/04/2015

Promoción del tango en el exterior – Gobierno de la Ciudad de Buenos Aires – Ministerio de Cultura

Los proyectos correspondientes a la Línea Promoción del Tango en el Exterior pueden ser subsidiados para financiar total o parcialmente el pasaje de las representaciones artísticas que viajen al exterior, dentro del Programa de Fomento Metropolitano de la Cultura, las Artes y las Ciencias de la Ciudad de Buenos Aires.

Declaración 118/2010 de la Legislatura de la Ciudad – Buenos Aires – 13/05/2010

La Legislatura de la Ciudad Autónoma de Buenos Aires solicita al Poder Ejecutivo que a través del Ministerio de Educación estudie la posibilidad de intensificar en la currícula de las escuelas públicas de Gestión Estatal dependientes del Gobierno de la Ciudad, la enseñanza del tango.

Leyes de la provincia de Buenos Aires

Creación de la EMPA (Escuela de Música Popular de Avellaneda)

En el año 1986 se crea una comisión destinada a dar a luz un proyecto que constituiría un intento hasta ahora único de institucionalizar la formación de músicos populares en tango, jazz y folclore. El entonces director general de Escuelas y Cultura de la Provincia de Buenos Aires, Dr. José Gabriel Dumón, convoca por intermedio del ministro. Cacho Tirao, en ese momento director de Enseñanza Artística, a un grupo de destacados músicos para delinear el perfil pedagógico y organizativo de una carrera que no contaba con antecedentes a nivel oficial.

Según consta en una gacetilla difundida en esa época, la formulación de los contenidos de folclore correspondía a Manolo Juárez, los de tango a Horacio Salgán, los de jazz a Hugo Pierre y el plan de estudios sería responsabilidad del asesor Gustavo Molina. Estas personas integraban además un Consejo Académico. Se señalaba la colaboración de "Carlos Palmero, Tristán Taboada, Santiago Giacobbe, Marcelo Frezia, entre otros, integrando algunos de ellos el cuerpo de profesores".

Se decía en esa misma gacetilla que el objetivo fundamental era el de "formar músicos capaces de crear y transmitir el sentir de nuestro pueblo, generando para ello hábitos de estudio en ámbitos que hasta ahora han sido abordados intuitivamente...". También se informaba sobre la inscripción para la Carrera de Bandoneón, cuyo plan de estudios era responsabilidad de los maestros Rodolfo Mederos y Daniel Binelli.

El plan de estudios piloto se pone en marcha con un cuerpo de profesores nombrados por el Consejo Académico, todos ellos músicos profesionales, lo que fue tomado como requisito indispensable para poder participar como docentes. Luego de haberse evaluado favorablemente el primer año de su funcionamiento, que transcurriera en el edificio de la Escuela Nº 1 de Avellaneda (Avda. Mitre 750), se decide darle carácter institucional dentro de la Dirección de Educación Artística.

En 1987 se dicta una resolución que crea la institución con el nombre de "Primera Escuela Argentina de Música Popular", y se le asigna el edificio de la calle Italia 36, donde anteriormente funcionaba la Escuela Nº 7.

Ley 14.439 – Buenos Aires – Poder Legislativo Provincial

Homenaje – Declaración de personalidad destacada de la cultura de la provincia a don Roberto Álvarez por su trayectoria como representante y maestro del tango.

Leyes de otras provincias

Decreto 2104-2011 – Mendoza – 26/08/2011

Administración pública provincial – Otorgamiento de una suma de dinero en concepto de subsidio a favor de la Sra. Claudia Guzmán.

Decreto 1828/2011 – Mendoza – 27/07/2011

Administración pública provincial – Otorgamiento de un subsidio a favor de la Sra. Alicia Hebe Contursi para la realización del "Cuyotango 2011, Festival y Concurso de Voces Tangueras".

Declaración de Interés Provincial al espectáculo "Pasión Tango" que se llevará a cabo el 6 de agosto de 2011.

Ley 6903 – Chaco – Poder Legislativo Provincial

Expropiación – Declaración de utilidad pública e interés social a un inmueble ubicado en la ciudad de Villa Ángela para la donación al Círculo de Amigos del Tango de Villa Ángela.

Ley 5331 – Chaco – Poder Legislativo Provincial

Declaración a la ciudad de Villa Ángela como "Capital Provincial del Tango".

Ley 9612 – Entre Ríos – Poder Legislativo Provincial

Ley 505-F – San Juan – Poder Legislativo Provincial

Adhesión de la Provincia de San Juan a la Ley Nacional 23.980 y su Decreto Reglamentario 1840, sobre promoción de las actividades culturales relacionadas con el tango. Texto consolidado por Ley 8509.

Ley II-00532004 – San Luis – Poder Legislativo Provincial

Capital Provincial del Tango – Declaración a la ciudad de Justo Daract, departamento general Pedernera.

Ley 5666 – San Luis – Poder Legislativo Provincial

Capital Provincial del Tango – Declaración a la ciudad de Justo Daract, departamento general Pedernera.

Ley 12.815 – Santa Fe – Poder Legislativo Provincial

Cultura – Declaración al tango y el folklore regional – Organización de actividades para su promoción – Adhesión a la Ley Nacional 24.684.

Ley 10.945 – Santa Fe – Poder Legislativo Provincial

Fiesta Provincial del Tango – Se designa como sede permanente a la localidad de Maciel, departamento San Gerónimo.

Ley 6410 – Santiago del Estero – Poder Legislativo Provincial

Día Provincial del Tango – Declaración al día 03 de Mayo en homenaje al poeta Homero Manzione (Homero Manzi).

Ley 9612 de tango en la educación – Vigente Entre Ríos

Legislatura de la Provincia de Entre Ríos, sanciona con fuerza de Ley – Paraná – 5/04/2005

Incorporar a los diseños curriculares de todos los niveles del sistema educativo provincial la enseñanza del tango y el folclore.

Ley 1229 – Vigente Formosa – Fecha de sanción: 22/11/96 – Promulgación: 13/12-/96, D. 1825 – Legislatura de la Provincia

Publicación: 8/1/97 – Tema: Culturales. Declárase patrimonio cultural de la Provincia de Formosa a las Músicas típicas "chamamé", "chacarera", "copla", "zamba", y a la música ciudadana "tango". Se solicita a los Leg. Nac. propongan la inclusión dentro del régimen de la Ley 24.684 las músicas descriptas.

Ley 3944 – Río Negro – Vigente – Tango – Sancionada el 14/04/2005

Declara parte integrante del patrimonio cultural de la Provincial al Museo Municipal Carlos Gardel de Viedma, sito en la denominada "Manzana Histórica" de la ciudad de Viedma.

Proyectos de ley

2002

Proyecto de ley – Ley de Festivales de la Ciudad

El PROFECI deberá realizar los siguientes festivales en la frecuencia establecida:

a) Buenos Aires Festival de Cine Independiente (BAFICI), una vez por año.

b) Festival Internacional de Buenos Aires (FIBA), una vez cada dos años.

c) Festival Buenos Aires Tango, una vez por año.

d) Campeonato Mundial de Tango Salón, una vez por año.

e) Campeonato de Baile de la Ciudad, una vez por año.

f) Festival Buenos Aires Danza Contemporánea, una vez por año.

g) Festival Guitarras del Mundo, una vez por año.

h) Festival Internacional Buenos Aires Jazz, una vez por año.

i) Festival Internacional de Circo de Buenos Aires, una vez por año.

j) Festival Ciudad Emergente, una vez por año.

k) Ciudanza. Danza en paisajes urbanos, una vez por año.

l) Festival de Matemáticas (MATBAIRES), una vez por año.

m) Festival Shakespeare Buenos Aires, una vez por año, y

n) Buenos Aires. Cultura para respirar, una vez por año.

2633-D-2012

Instituto Nacional del Folklore y Tango Argentino (INFTA) – Creación – 02/05/2012 -Senado y Cámara de Diputados

Rosario, provincia de Santa Fe

Distintas ONG vinculadas al tango y organizadores de milongas de la ciudad impulsaron un proyecto de ley de tango presentado por la diputada Mónica Peralta. La normativa apuntó a mejorar la promoción de esta expresión popular en la provincia.

El proyecto de Peralta propone la adhesión de Santa Fe a la Ley Nacional 24.684, que declara al tango como parte integrante del patrimonio cultural de la nación y de interés nacional a las actividades que tengan como finalidad directa su promoción y difusión.

Algunas de las cuestiones que surgieron fueron: incorporar un artículo que reconozca a personas físicas, entidades, comercios o entidades privadas vinculadas al tango, además de ONG, incorporar un registro de inscripción de personas idóneas en tango, dejar asentada en la ley las formas en las que se considera deben difundirse las actividades tangueras en general, sugerir la enseñanza del tango en las escuelas de la provincia, incorporar la carrera de Tango en Rosario a través de un convenio entre la Universidad Nacional del Tango y el Instituto de Danzas Isabel Taboga, e incluir un artículo que fije la obligatoriedad de realizar un Festival/Campeonato de Tango, todos los años.

El tango y la escuela: visita al Museo Casa Carlos Gardel

Carlos Gardel saluda desde la entrada de su casa en la calle Jean Jaures (actualmente, destinada a museo sobre la vida y obra del cantor). (Fuente: Archivo General de la Nación).

El 24 de junio de 2015 se cumplieron ochenta años del fallecimiento de Carlos Gardel, el máximo cantor del tango y uno de los mayores artistas de la música popular occidental del siglo XX. En función de ello, y en mi carácter de docente de música de una institución educativa de la zona, decidí realizar una visita guiada a la Casa Museo Carlos Gardel, ubicada en la calle Jean Jaures 735, en el corazón del barrio de Balvanera.

Dicha visita produjo dos trabajos relacionados: uno vinculado a la visita propiamente dicha (que incluía, además, sugerencias sobre cosas que se le podrían agregar al museo), y otro en relación con la trayectoria artística de Carlos Gardel. En este segundo trabajo, los estudiantes podían elegir una etapa de la carrera del músico, o una faceta de ella.

Nos pareció interesante compartir dicha experiencia, como una manera de exponer el conocimiento e interés que hay en las nuevas generaciones sobre Gardel y el tango en la actualidad.

Proyecto Carlos Gardel

Año: 2015
Colegio: Instituto William Case Morris
Turno: mañana
Curso: cuarto
Área: Cultura Musical
Profesor: Julián Barsky

1. Devolución de la salida al museo Casa Carlos Gardel (individual)
2. Trabajo grupal

Devolución de la salida al museo Casa Carlos Gardel

¿Quién fue Carlos Gardel?
¿Por qué razones Gardel compró esa casa?
¿Quiénes vivían principalmente allí?
¿En qué habitación o habitaciones Gardel ensayaba?
¿A partir de qué año la casa se restauró para hacerla museo?
¿Sabías algo previamente sobre Carlos Gardel? ¿Qué?
¿Conocías el museo? ¿Qué opinión te merece el mismo?

¿Qué objetos te llamaron la atención? Mencionar al menos dos y describirlos.
¿Qué elementos le agregarías al museo para enriquecerlo?

No desarrollaremos aquí las primeras preguntas, ya que los estudiantes buscaron en su mayoría la información de internet (la consigna lo permitía). Sí nos interesa exponer las ideas, opiniones y conclusiones a las que se llegó en la devolución del trabajo.

¿Sabías algo previamente sobre Carlos Gardel? ¿Qué?

"Sí, sabía que había sido muy conocido en la historia del tango y también sabía sobre su trágica muerte".
"Sabía que había sido un actor de películas y un cantante famoso".

¿Conocías el museo? ¿Qué opinión te merece el mismo?

"No conocía el Museo y me interesó mucho ver su historia tan de cerca".
"Había ido hace muchos años".
"Había ido con mi abuelo que le gusta Gardel".

¿Qué objetos te llamaron la atención? Mencionar al menos dos y describirlos.

"Me llamaron la atención los objetos de la cocina, la plancha que a diferencia de la actual es mucho más pequeña y el palo de amasar que al contrario es mucho más grande y largo".
"Me parecieron muy interesantes las fotos antiguas y los discos en las paredes".
"Me gustaron los recortes de las películas viejas".

¿Qué elementos le agregarías al museo para enriquecerlo?

"Le agregaría música en cada habitación, videos de él bailando tango y cantando y un Carlos Gardel de cera para poder sacarse fotos".

"Le agregaría una foto gigante de Gardel".

"Estaría bueno que se pusieran las películas de Gardel y se pudiera escuchar su música".

Trabajo grupal

Modalidad: grupal (de dos a cuatro personas). Exposición oral.

Opciones de trabajo

1. Dúo Gardel-Razzano

Historia del dúo. Hitos importantes, giras, grabaciones, actuaciones, etc.

Se deben presentar dos canciones representativas y explicar (orquestación, letra, género musical, arreglo vocal, ritmo, etc.).

2. Gardel como cantante de tangos

Historia de Gardel solista. Hitos importantes, giras, grabaciones, actuaciones, etc.

Se deben exponer dos canciones representativas (audición incluida) y explicar.

3. Gardel y sus películas

Mirar una de las películas, armar la ficha técnica, contar el argumento, las canciones interpretadas, traer material de soporte.

4. Análisis de dos canciones interpretadas por Gardel

Escuchar las dos canciones, armar la ficha técnica, narrar el argumento de ambas y compararlas.

5. Análisis de una misma canción interpretada por Gardel y por otro cantor

Escuchar las dos versiones, armar la ficha técnica, narrar el argumento de ambas y compararlas (época, sonido, orquestación, velocidad, modificaciones, etc.).

6. Alfredo Lepera

Analizar dos de las letras escritas por Lepera para las películas de Gardel, presentarlas en los filmes, desarrollar sus metáforas e inspiraciones.

Todos los trabajos deben incluir material de soporte audiovisual.

La mayoría eligió la comparación entre dos canciones.

Un grupo analizó dos canciones de Gardel: "El día que me quieras" (Gardel,Lepera) y "Yira yira", de Enrique Santos Discépolo, interpretada por Gardel en la década del 30. El agregado interesante de este trabajo fue que los estudiantes presentaron la canción y luego también explicaron el origen lunfardo de algunas de las palabras presentes en la letra.

Otro grupo eligió, en cambio, comparar dos versiones del mismo tema (opción cinco), "El día que me quieras": la de Carlos Gardel y Rosita Moreno, interpretadas en el film homónimo de 1935; y la de Luis Miguel, grabada en 1994 para su CD "Segundo Romance", un compilado de boleros y tangos clásicos.

En dicho trabajo, los estudiantes hicieron escuchar las dos versiones, y luego explicaron brevemente el origen de cada una. También llegaron a algunas conclusiones, como que la segunda versión había modificado el ritmo, transformándola en una canción de estilo pop.

Un tercer trabajo se basó en la opción dos ("Gardel como cantante de tangos"). El trabajo intentó explicar tres etapas distintas de la carrera del cantor: sus comienzos de 1912, el primer viaje solista a España en 1925, y su muerte, ocurrida en 1935.

Devolución final

Hemos realizado un breve recorrido por el tango (que incluyó audiciones, una breve explicación teórica y un recorrido por su génesis), y por la figura de Carlos Gardel. Hecho el mismo, realizamos un cierre en forma de debate y devolución.

Desarrollo

Miércoles 26 de agosto de 2015, cuarto año William C. Morris.

Profesor: Visto todo lo trabajado y teniendo en cuenta lo desarrollado en el trimestre, ¿qué es el tango para ustedes?

-Es un género musical.

-Es un baile.

-Una cultura. Como que es representativa de la Argentina, de Buenos Aires.

-… Como Maradona.

P: Son símbolos, sí. Para bien, para mal, para no tan bien o para no tan mal. ¿Qué más? ¿Alguien ha bailado el tango alguna vez, ha ido a una milonga, ha escuchado música de tango?

-Bueno, escuchado sí. Yo, cuando voy a lo de mi abuelo.

-Mi hermana bailaba tango. Es más chica, y bailaba en un lugar frente al Abasto.

-Yo había escuchado tango por mi abuela, y en películas.

-Mis abuelos bailaban, mi familia escuchaba. De chica siempre escuchaba, me gusta, pero tampoco es que lo voy a escuchar. Pero me gusta como bailan, el estilo.

P: ¿En películas como cuáles?

-En películas lo escuché como remixado. Era otro estilo; o sea, era tango pero más moderno, tipo tango electrónico.

P: *Y después de haber cursado el trimestre, ¿qué cosas nuevas les quedaron, qué les produce? Almagro además es un barrio muy tanguero.*

-Los instrumentos: la guitarra, el acordeón (la corrigen, "el bandoneón", le dicen), el violín...

-Como que en sus orígenes es un género que representaba más a los pobres...

P: *Bueno, o sea que es un género de origen popular. ¿Qué más? ¿Se originó como baile, como canto, por dónde empezó?*

-Para mí, por el canto.

-Por el baile.

P: *¿Es un género musical que les resulta atractivo? ¿Por qué?*

-No.

-Cuando lo escucho, no es que me dan ganas de cantarlo, pero no me molesta. O sea, no es que iría a mi casa y pondría un "El día que me quieras", pero no me molesta.

-Es un ritmo llamativo. No estoy acostumbrado.

-A mí no me disgusta, pero no es que voy a ir a buscarlo para escucharlo cuando estoy aburrido.

-Yo lo veo más como cultura. O sea, es algo viejo.

-A mí me gusta verlo bailar.

-A mí me gusta escucharlo, por ejemplo, el tango para bailar en patines queda re-bueno.

-A mí me gustan los instrumentos, como suenan, me tranquilizan; pero no me gustan las letras, son como muy lentas.

-No es que no me guste, pero tampoco puedo decir que he escuchado lo suficiente para poder decir si me gusta. En mi casa no se escucha tango, solo mi abuelo.

P: *¿Instrumental o cantado? ¿Qué los atrae más?*

-Instrumental (casi al unísono).

P: Y el ritmo del tango, ¿les produce ganas de seguirlo con el cuerpo? Por ejemplo, uno pone una murga y por más que no te guste, te da esa sensación de seguirla. O la música brasilera.
-No lo he escuchado tanto como para ver...
-Sí, con los patines. Tipo bailar sí. Está bueno.
P: ¿Qué sabían previamente sobre Carlos Gardel?
–Fue uno de los principales cantantes del tango.
-El referente del tango. Vos hablás del tango y es Gardel.
–Vivía por el Abasto.
-La estación de subte...
-Yo vi una placa en el Pío (por el colegio Pío IX) que dice que había estudiado ahí con Ceferino (por Namuncurá). Yo estudié en ese colegio.
P: ¿Qué saben ahora?
-La muerte de Gardel.
-Me llamó la atención que grababan discos y hacían canciones todo el tiempo, no que hacían una y quedaba.
P: ¿Qué opinan sobre el Museo Casa Carlos Gardel? ¿Piensan que está bien cuidado?
-Es grande. Era una casa grande para dos personas solas.
-Era la casa de Gardel, él vivía ahí.
-Los cuadros, las habitaciones pintadas de colores...
-Para mí está bien cuidado, está arreglado.
-Lo que sí, no había música de Gardel.
-Yo había ido hace unos años, y recordaba que había unas estatuas de cuerpo entero, ahora no las vi.
-Estaban lindas las paredes, separando con colores.
P: ¿Qué le agregarían?
-Yo le haría una entrada más llamativa, que haya fotos de él.

-Algo que me indique que es la casa de Gardel, por fuera.

-Para mí que se pueda escuchar la música de Gardel.

-Una escultura de él afuera.

-Yo le pondría una máquina de nachos con queso, para atraer a la gente. Porque ponele caminan por ahí, ven la máquina de nachos y miran: "Huy mirá, la casa de Gardel". La comida siempre atrae.

-Yo pondría carteles grandes que anuncien que se pueden ver las películas de Gardel.

-Por ahí algunas letras de las canciones.

-Una de esas fotos donde ponés la cara y te sacás una foto. Por ejemplo, esa que cantaba en "El día que me quieras" (por Rosita Moreno) y si sos una mujer te sacás una foto con Gardel.

P: ¿Qué políticas existen en Buenos Aires y la Argentina sobre el cuidado del patrimonio, especialmente alrededor del tango?

-El patrimonio de la ciudad de Buenos Aires no está cuidado.

-Más o menos. En algunas partes sí. No sé si contaría, pero las plazas sí, por ejemplo.

-Me gusta lo que hicieron en calle Corrientes, lo de las estatuas.

P: ¿A nivel comunal?

-No.

-No se respeta.

-Quizá es porque no hay carteles, un cartel que indique que es el museo de Carlos Gardel. Quizá si hubiera, la gente respetaría el lugar, iría; hoy solo la gente que le interesa en serio busca la dirección y va.

P: Bueno, muy bien, cerramos aquí entonces.

Cronología

1881

- Edicto de la Policía Federal en relación con las danzas y eventos públicos. Primeras restricciones al tango como baile.

1884

- Julio Argentino Roca durante su primera presidencia impuso la Ley 1420 de enseñanza obligatoria gratuita y laica. Benjamín Zorrilla, a cargo del Consejo Nacional de Educación, inauguró varios edificios escolares, entre los que se destaca la Escuela Juan de Garay y la Escuela Superior de Comercio Carlos Pellegrini. La construcción de las escuelas-palacio continuaría en los próximos años.

Una de las escuelas-palacio inauguradas por entonces: La Escuela Graduada de Niñas de la calle Callao. (Fuente: Biblioteca del Maestro).

- Ese año comienza a escucharse "Concha sucia", el primer tango con autor reconocido: Casimiro Alcorta. Comienza a estructurarse una forma orquestal a la que se llamaría "Guardia Vieja", y que incluyó al grupo de músicos, poetas y bailarines que crearon los tangos iniciales.

1888

- Son aprobados varios de los manuales de Música que serán utilizados en los próximos años en todas las escuelas: *Método de solfeo* (de Hilarión Eslava*)*,

Tratado de música (de Saturnino Berón), *Abecedario musical* (de J. G. Panizza), *Método de solfeo* (de F. G. Guidi) y *Carteles y método de solfeo* (de Gabriel Díez).

1890

- Nace en Toulouse, Francia, Charles Romuald Gardes, luego conocido como "Carlos Gardel".

1894

- El Conservatorio de Música de Buenos Aires –uno de los principales formadores de docentes en el área– pasó a depender del Gobierno Nacional.

1897

- Carlos Gardel ingresa a primer grado de la Escuela Superior de Niñas de la calle Talcahuano 678.
- En esta época, el conjunto tanguero más habitual era guitarra, violín y flauta traversa. En los años siguientes la flauta irá desapareciendo, al tiempo que se integrarían el piano y luego el bandoneón, que darían forma a la llamada "orquesta típica de tango". En esos años también se destacó el organito, reproductor portátil que jugó un papel de gran importancia en la difusión inicial del género. En las escuelas, en cambio, su uso es inexistente. Se utiliza, en cambio, el piano y el órgano para la enseñanza musical.

1900

- Reforma de la estructura distrital de la Capital.
- Reforma de los programas educativos. El gobierno argentino rehace sus relaciones con el Vaticano. Múltiples actos escolares por el cambio de siglo.
- Estreno del himno a Sarmiento. Primer homenaje infantil al educador sanjuanino.

1904

- Gardel termina la primaria en el Colegio San Estanislao de la ciudad de Buenos Aires.

1905

El Tango "La Morocha" recorrió el mundo.
(Fuente: Archivo personal del autor).

- Se estrena el tango "La Morocha", de Ángel Villoldo y Enrique Saborido. Su éxito es impactante: más de 100.000 copias. Al mismo tiempo, educadores y teóricos, como F. G. Harmann, se preguntaban por qué la Argentina carecía de música popular, y criticaban el rol de la escuela por haberse abocado al solfeo y la teoría casi en exclusividad, proponiendo copiar canciones alemanas para suplir la deficiencia.

1910

- En plena euforia del Centenario de la Revolución de Mayo, se proyectaron y levantaron muchas escuelas-palacio, una de ellas fue el Colegio Nacional de Buenos Aires, del arquitecto Norbert Maillart, con su majestuosa fachada y las suntuosas escaleras de mármol del interior.

1912

- Se celebró el Centenario de la creación del Himno Nacional Argentino. En la Capital, se conmemoró con la presencia de cien niños por cada escuela, lo que dio un total de 12.000 niños. En dicha ocasión estuvo presente el presidente de la nación, Dr. Sáenz Peña.

Se entonó el himno, luego vino una arenga por parte del vocal del consejo, Dr. Ibarguren. Al culminar su discurso, se entonaron "Saludo a la bandera", "Himno a Sarmiento" y la marcha "Viva la Patria". A partir de entonces, las canciones patrias se verían firmemente consolidadas, sin tener casi modificaciones posteriores.

- Carlos Gardel debuta discográficamente.

1917

- Gardel graba "Mi noche triste", de Pascual Contursi y Samuel Castriota. Se lo considera el primer tango cantado moderno.
- La "Guardia Vieja" comienza a declinar, y así da paso al movimiento llamado "Guardia Nueva", con la orquesta de Julio de Caro a la cabeza.

1921

- El Honorable Consejo de Educación estableció las bases para la enseñanza del folklore argentino en las escuelas.

1931

- Primeras censuras a letras de tango. Durante la presidencia de facto de José Félix Uriburu, se ordenó cambiarle el título del tango de Cobián y Cadícamo "La casita de mis viejos" por el de "La casita de mis padres".

1933

- *Decreto 21.044. Reglamento de Radiocomunicaciones.* Se dispuso que la acreditación de toda estación radioeléctrica quedara a cargo de la Dirección General de

Correos y Telégrafos. Risso Domínguez sería su primer director, quien ejerció el cargo entre 1932 y 1938. Se hacía allí un especial énfasis en cuestiones del lenguaje. Los compositores de tango se encontraron con que las emisoras empezaron a censurar algunas de sus canciones.

1935

- Fallecen en un accidente de aviación en Medellín, Carlos Gardel y Alfredo Lepera.

1938

- Durante la presidencia del Dr. Roberto M. Ortiz, se estableció la Comisión de Estudio y Reorganización de los Servicios de Radiodifusión en la República Argentina (Decreto 7695). Incremento en la aversión contra el lenguaje de las canciones populares.

1943

- El 4 de junio de 1943 se produce un golpe militar encabezado por el GOU que destituye al presidente Castillo. El 10 de junio se publicó la Resolución 6325, la que disponía que se harían cumplir las prescripciones legales y administrativas dictadas en 1933 respecto de las audiencias radiotelefónicas. El lunfardo volvía a estar en el eje del debate.

1960

"Los Mareados", en su título original de "Los Dopados", uno de los tangos más perseguidos de la historia. (Fuente: Archivo personal del autor).

- Diversos autores del tango, como Cadícamo y Rivero, sufren censuras y persecuciones. Se agregan también compositores de otros géneros populares del país.

1976

- El 9 de junio de 1976 los feriados de carnaval –en donde solían ejecutarse y bailarse tangos, candombes y milongas– fueron eliminados mediante el Decreto Ley 21.329.

1977

- El Senado de la Nación establece el 11 de diciembre como el "Día Nacional del Tango".

1987

- Se crea la "Primera Escuela Argentina de Música Popular". Es la primera escuela oficial que enseña tango en nuestro país.

1991

- Se crea por ley el Instituto Nacional del Tango.

1998

- Se crea por decreto la Academia Nacional del Tango.

2009

- La UNESCO declara al tango Patrimonio Cultural Inmaterial de la Humanidad.

Bibliografía

Introducción

Figueira, José H. (1894), "La Educación musical en la Escuela Primaria", *El Monitor de la Educación Común*, pp. 586-592, Consejo Nacional de Educación, Buenos Aires. Disponible en http://goo.gl/v188xw.
(S/a) (1894), "Bélgica. El sol-fa tónico: nuevo método para la enseñanza del canto", *El Monitor de la Educación Común*, Consejo Nacional de Educación, Buenos Aires. Disponible en http://goo.gl/v188xw.
(S/a) (1894), "Conservatorio de Música", *El Monitor de la Educación Común*, Consejo Nacional de Educación, Buenos Aires. Disponible en http://goo.gl/v188xw.

El tango y la Iglesia

Berti, Eduardo (9 de diciembre de 2001), "Primer tango en París", *La Nación*. Disponible en http://goo.gl/OkxaPI.
Burgstaller, Carlos Hugo, "Casimiro Aín bailando ante el Papa", *Tango Reporter*. Disponible en http://goo.gl/0LAk5b.
Dei, Daniel (2000), *Discépolo*, Almagesto.
Galasso, Norberto (2004), *Discépolo y su época*, Buenos Aires, Ediciones del Corregidor.
Giménez, Gustavo (2010), "Misa Porteña para el Bicentenario". Disponible en http://goo.gl/hXuaQe.

Gobello, José (1999), *Breve historia crítica del tango*, Buenos Aires, Ediciones Corregidor.
Guerrero Cabrera, Manuel (9 de junio de 2014), "La biblia contra el calefón. Las imágenes religiosas en los tangos de Enrique Santos Discépolo", 9 de junio de 2014. En *El Coloquio de los Perros*. Disponible en http://goo.gl/fAPKfq.
Manus, Carlos A. (enero de 2002), "El tango y la religión", en *Terapia Tanguera*. Disponible enhttp://goo.gl/kjHXUb.
Ostuni, Ricardo (2000), *Viaje al corazón del tango*, Buenos Aires, Lumiere.
Pujol, Sergio (1997), *Discépolo: una biografía argentina*, Buenos Aires, Emecé.
Rouillon, Jorge, "Dios, presente en las letras de tango", Diario *La Nación*. Disponible en http://goo.gl/3tjvkj.
(S/a). "Gardel ya canta en el Vaticano" (18 de noviembre de 2013), en *Buenos Aires informa.com*. Disponible en http://goo.gl/ITB3RA.
(S/d). "La Iglesia contra el tango". Disponible en http://goo.gl/JYJEvr.
(S/d). "La Religión", en *Informe. La religión en el tango*. Disponible en http://goo.gl/6vvq1E.
Villarroel, Luis F. (1957), *Tango. Folklore de Buenos Aires*, Ideagraf.

El tango y las leyes

Bertazza, Juan Pablo (14 de diciembre de 2008), "Si se calla el cantor", en *Radar, Página 12*, Buenos Aires.
Burgstaller, Carlos Hugo (mayo de 2005), "La censura en el tango", en *Tango Reporter*, año X, n° 108. Disponible en http://goo.gl/gqDU4V.

Cámara de Landa, Enrique (1996), "Recepción del tango rioplatense en Italia", en *Transcultural Music Review* (revista transcultural de música).
Fraga, Enrique (2006), *La prohibición del lunfardo en la radiodifusión argentina 1933-1953*, Buenos Aires, Lajouane.
Gobello, J. (1999), *Breve historia crítica del tango*, Buenos Aires, Ediciones Corregidor.
Lamas, Hugo y Binda, Enrique (1998), *El tango en la sociedad porteña 1880-1920*, Buenos Aires, Ediciones Héctor L. Lucci.
Lastra, Felipe Amadeo (1965), *Recuerdos del 900*, Buenos Aires, Editorial Huemul.
Puccia, Enrique Horacio (1976), *El buenos Aires de Ángel Villoldo, 1860-1919*, Buenos Aires.
(S/d). "Tango Censurado", en *Tango Mapuche*. Disponible en http://goo.gl/wFQk4o.
Solero, Carlos A. (31 de marzo de 2014), "Celedonio Esteban Flores, poeta libertario del tango", en *El Ciudadano web*. Disponible en http://goo.gl/zr62gV.
Taboada, Pablo (27 de enero de 2013), "La otra letra de Mano a mano", en *Investigación Tango*. Disponible en http://goo.gl/x1yR8w.
Taullard, Alfredo (1927), *Nuestro antiguo Buenos Aires*, Buenos Aires, Peuser.

El tango y la escuela

Libros

Aballe, Guada (2003), *Algo más sobre Gardel*, Buenos Aires, Editorial Corregidor.
Barsky, J. y Barsky, O. (2004), *Gardel, la biografía*, Buenos Aires, Editorial Taurus.

Censo Nacional de Población (1895). Disponible en https://goo.gl/INomlt.
Censo General de la Ciudad de Buenos Aires (1904).
Licera, Horacio, "Historias singulares de las canciones patrias", en *Río Negro online*. Disponible en http://goo.gl/Gewwfq.
Musri, Fátima Graciela (2004), *Músicos inmigrantes. La familia Colecchia en la actividad musical de San Juan, 1880-1910. San Juan (Argentina)*: Editorial de la Facultad de Filosofía, Humanidades y Artes (EFFHA), Universidad Nacional de San Juan.

Declaraciones y publicaciones

Hartmann, Federico G. (1905), "Del canto escolar al canto popular nacional", en *El Monitor de la Educación Común*, Consejo Nacional de Educación, Buenos Aires. Disponible en http://goo.gl/Bseuo0.
"A la búsqueda de la infancia de Carlos Gardel", en Peluso, H. y Visconti, E. (2014), *Carlos Gardel y la prensa después de su muerte (1950-2002)*, Buenos Aires, Ediciones Corregidor.
El Monitor de la Educación Común (1884-1912), Consejo Nacional de Educación, Buenos Aires. Disponible en http://goo.gl/TojW77
"La verdadera vida de Carlos Gardel recogida de labios de su propia madre", originalmente en *La Canción Moderna* (6 de junio de 1936), en Peluso, H. y Visconti, E. (2014), *Carlos Gardel y la prensa después de su muerte (1935-1950)*, Buenos Aires, Ediciones Corregidor.

"La madre de Gardel sueña que su hijo no ha muerto", originalmente en *La Canción Moderna* (8 de febrero de 1936), en Peluso, H. y Visconti, E. (2014), *Carlos Gardel y la prensa después de su muerte (1935-1950)*, Buenos Aires, Ediciones Corregidor.
Marchas Militares. Disponible en http://goo.gl/g47vzq.

Conclusiones

Barsky, J. y Barsky, O. (2004), *Gardel, la biografía*, Buenos Aires, Ed. Taurus.
El Monitor de la Educación Común (1884-1912), Consejo Nacional de Educación, Buenos Aires. Disponible en http://goo.gl/TojW77.
Foro argentino de cultura urbana. Disponible en http://goo.gl/zRxiSB.
Petriella, Dionisio y Miatello, Sara S., *Diccionario biográfico ítalo-argentino*, Asociación Dante Alighieri de Buenos Aires.

Apéndice

Adet, Manuel (16 de marzo de 2013), "Jorge Mario Bergoglio y el tango", en *EL Litoral.com*. Disponible en http://goo.gl/kCJslN.
Beltramo Álvarez, Andrés (13 de noviembre de 2013), "El Papa argentino y el rey del tango, juntos", en *The Vatican Insider*. Disponible en http://goo.gl/38A4fX.
El Monitor de la Educación Común (1884-1912), Consejo Nacional de Educación, Buenos Aires. Disponible en http://goo.gl/TojW77.

Organismos de consulta

Info Leg: Información Legislativa y Documental. Disponible en http://goo.gl/hi84EJ.

Ministerio de Educación de la Nación. Subsecretaría de Coordinación Administrativa. Producción: Dirección de Gestión Informática. Disponible en http://goo.gl/qMOUXj.

"Quiero al Tango" (ONG). Disponible en http://goo.gl/BU5VmU.

Este libro se terminó de imprimir en febrero de 2016 en Imprenta Dorrego (Dorrego 1102, CABA).

www.ingramcontent.com/pod-product-compliance
Lightning Source LLC
Chambersburg PA
CBHW032004220426
43664CB00005B/139